Haag | »Verlogenheit und Barbarei«

Anna Haag

»Verlogenheit und Barbarei«

Auswahl aus dem Tagebuch 1940–1945

Herausgegeben und mit einem Nachwort
von Jennifer Holleis

Reclam

Dieser Band enthält eine Textauswahl aus:
Anna Haag: »Denken ist heute überhaupt nicht mehr Mode«. Tagebuch 1940–1945. Hrsg. von Jennifer Holleis. Stuttgart 2021.

RECLAMS UNIVERSAL-BIBLIOTHEK Nr. 14290
2022 Philipp Reclam jun. Verlag GmbH,
Siemensstraße 32, 71254 Ditzingen

Gestaltung: Cornelia Feyll, Friedrich Forssman
Druck und Bindung: Eberl & Koesel GmbH & Co. KG,
Am Buchweg 1, 87452 Altusried-Krugzell
Printed in Germany 2022
RECLAM, UNIVERSAL-BIBLIOTHEK und
RECLAMS UNIVERSAL-BIBLIOTHEK sind eingetragene Marken der Philipp Reclam jun. GmbH & Co. KG, Stuttgart
ISBN 978-3-15-014290-5

Auch als E-Book erhältlich

www.reclam.de

Inhalt

Anna Haag: Tagebuch 1940–1945

Anhang

Tagebuch 1940–1945

Zur Einführung

Ich habe drei Kinder: Ludowike, Cläre und Martin. Ludowike und Cläre sind verheiratet. Die Erstere lebte bei Beginn dieser Aufzeichnungen im Norden Deutschlands. Cläre, die mit einem Engländer verheiratet ist, lebt in Birmingham. Sie hat ein Töchterchen Mary. Martin ging vor dem Krieg als 16½-jähriger Junge zum Studium nach England und konnte bei Kriegsausbruch nicht mehr zurückkehren. Das Angebot, englischer Bürger zu werden, lehnte er ab, weil er das Leben seiner Eltern nicht gefährden, d. h., weil er sie vor dem Zugriff der Gestapo bewahren wollte. Er wurde interniert. Die Aufzeichnungen beginnen leider nicht mit dem ersten Kriegstag.

1940

11. 5. 1940. Wozu wohl ein Mozart, ein Beethoven, ein Goethe gelebt und ihre Werke geschaffen haben, wenn wir Heutigen nichts anderes wissen als töten und zerstören?

Mai 1940. In der Straßenbahn: »Da weint man nicht, da ist man stolz!« (Eine Mutter weint; der Sohn, ein Fallschirmjäger, ist beim Absprung tot an einem Baum hängen geblieben.)

22. 5. 1940. Nie in meinem Leben habe ich meine Ohnmacht so schmerzvoll empfunden wie in den gegenwärtigen Tagen. Meine drei Kinder müssen sich ohne meine Hilfe durch die dunklen Straßen des Lebens durchfinden. Wie wird es Martin gehen als Zivilinterniertem in England? Wie wird Cläre sich zurechtfinden? Wird ihre Ehe mit einem Engländer nicht getrübt werden durch die Ereignisse? Wie wird Ludowikens Ehe werden? Wird ihr Mann nicht doch noch der braunen Pest verfallen? Er will doch Karriere machen, Karriere um jeden Preis. Es ist mir, als habe ich, als haben meine Kinder jede Heimat verloren.

28. 6. 1940. Mein Weg von der Straßenbahnhaltestelle in meine Wohnung führt mich am Haus des Herrn Apotheker vorbei, dem Vater eines vier Monate alten Säuglings. Da höre ich nun zu jeder Tages- und Nachtzeit beim Vorübergehen, wie die Mutter dem Kind als Schlaflied singt: »… denn wir fahren, denn wir fahren gegen Engelland – Engelland!«

10. 7. 1940. Frau Apotheker sagte: »Das sind so die letzten Zuckungen der Herren Engländer, der letzte Verzweiflungsschrei.« Sie meinte damit die nächtlichen Besuche einzelner englischer Flieger, die wir auch in unserer Stadt erleben.

18.8.1940. Gestern wurde Birmingham bombardiert. Arme kleine Mary! (Enkeltochter) Hoffentlich bleiben den lieben drei Menschen solche Schrecken in Zukunft erspart. – Wie ich darum bete!

Zwischen dem 20. und dem 25. August soll die Invasion Englands tatsächlich erfolgen! Die Leute sagen so. Ob sie Recht haben? Ein Urlauber erzählte in der Straßenbahn, eben sei telegrafiert worden, er solle sofort zu seinem Truppenteil zurückkehren. Er ist nicht entzückt davon. Er freut sich nicht auf die »bevorstehenden Abenteuer«, nicht auf die »Größe der Aufgabe«. »Schluss« solle man endlich machen, sagt er. »Man möchte schließlich auch mal wieder was anderes tun«, fügt er hinzu. Armer Kerl! »Etwas anderes tun« möchtest du? Wie kannst du so etwas laut in der Straßenbahn sagen? Du hast Glück, wenn es niemand an der »geeigneten Stelle« meldet. Sonst holt man dich vielleicht morgen und bringt dich an einen ganz »ungeeigneten« Platz.

24.9.40. Ein furchtbares Flüstern geht um! Irre und Gemütskranke werden umgebracht. Auch den Sohn einer hiesigen Dame, der aus Liebeskummer schwermütig geworden war, soll das Schicksal ereilt haben. Dabei war er keineswegs verrückt. Ein Bruder fiel im Weltkrieg als Flieger (Pour-le-Mérite-Träger), ein anderer (Meteorologe) tut jetzt an der holländischen Küste Dienst, obgleich er im Weltkrieg seine Hand verloren hat. Und der »Verblichene« oder »Erlöste« war ebenfalls im Weltkrieg.

Ein Freund meines Mannes sagte, man habe die Namen der Insassen der Altersheime angefordert. Welch unerhörte Barbarei! Sollte solches möglich sein in deutschen Landen?

29.9.40. Herr und Frau B. waren da. B's Worte liegen wie eine Zentnerlast auf meinem Manne und mir. Dieser verlässliche, klardenkende Freund, der immer durch und durch Demokrat war, sagt, die Invasion Englands werde, sobald der dafür günstige Nebel einsetze, vom Stapel gehen. Er hat keinen Zweifel, dass auch dieses Unternehmen gelingen wird. Es sei alles so fabelhaft vorbereitet, selbst der Gaskrieg. England *könne* nicht widerstehen. Was es uns allerdings nützen werde? »England muss alles bezahlen!« »Iss und trink, der Engländer berappt's«, das sei das geflügelte Wort beim Kommiss, wo man allüberall nur den Reichtum Englands hineinhause, den wir jetzt täglich durch unsere Bombenabwürfe und nach der Invasion durch unsere Panzer und schwere Artillerie vernichten.

Frau B. meinte, ich solle abstrahieren von all dem »großen Geschehen« der Gegenwart. Ich soll – so viel müsse man einer Mutter schließlich erlauben – nur dem *einen* Wunsch leben: »Mögen meine Kinder und wir nach dem Krieg gesund uns wiedersehen!« Nein, liebe Freundin. Ich kann freilich gar nichts ändern. Aber das eine kann ich doch tun: mir selber treu bleiben und dem, was ich dank meiner unverbogenen Vernunft und meinem gesunden Instinkt als gut und recht und menschenwürdig erkannt habe. Nein, nein, nein! Ich will nicht »zu leicht befunden« werden, will nicht vor mir selber schamrot werden müssen, ich will unerschütterlich festhalten an den ewigen Menschheitsidealen, will nicht, wie leider so viele, auf der Schaukel stehen und bald auf die eine, bald auf die andere Seite mein Gewicht verlegen! Nur an meine Kinder soll ich denken und an mein persönliches Glück und Unglück? Freilich denke ich an meine Kinder, und wer sie kennt, weiß, wie viel Glück sie mir bedeuten und welchen Reichtum! Aber was sollten meine Kinder in dieser »entgötterten« Welt? Wie sollen sie sich zurechtfinden? Wird es ihnen noch der Mühe wert sein, in ihr zu leben? In einer Welt, in der niemand mehr Verständnis hat für ein Gedicht von Mörike oder ein Heine'sches Liebeslied? Wo es ist, als seien solche Kunstwerke völlig sinnlose Aneinanderreihungen von Wörtern! Wo es keine »Wissenschaft an sich« mehr gibt, sondern nur »Zweckwissenschaft« mit dem einen Zweck, möglichst vollkommene Vernichtungsmaschinen herzustellen! Wo die »Ehrfurcht vor dem Leben« nur solange besteht, bis die Mutter ihr Kind aus ihrem Schoß herausgequält hat, wo man aber Hunderttausende, nein Millionen Menschenleben hinmordet, ohne mit der Wimper zu zucken. Und wo sich Menschen für diese »Tat von historischer Bedeutung« vergotten lassen, umjubeln, anbeten!

4.10.40. Immer nichts von den Kindern! Andere haben bereits Nachricht bekommen von ihren internierten Angehörigen. Sie seien in Kanada. Ein Dampfer mit Internierten sei von einem deutschen U-Boot versenkt worden! Ach Gott! Man muss ganz still werden. Aber darf ich denn klagen? Millionen Mütter der Welt tragen schweres Joch. *Mein* Mutterglück? Das Büblein muss wenigstens nicht *morden*!

Gestern habe ich dem »deutschen Gottesdienst«, der Bekanntgabe des Wehrmachtsberichtes, angewohnt. Im Schlossgarten-Café, als um fünf Uhr der erwähnte Bericht durch den Lautsprecher bekannt gegeben wurde! Peinliche Stille! Andächtige Gesichter und leises, ehrerbietiges Löffeln des Kuchens, des Eises! Ah! Wie fein ein Vanille-Eis, eine Punschtorte schmecken, wenn man »nebenbei« erfährt, dass in London ganze Straßenzüge in Schutt und Asche gelegt, dass Tausende von Frauen und Kindern umgebracht worden und fünf Schiffe mit Mann und Maus und wertvoller Ladung versenkt worden sind! Wie gut wird man da schlafen! Will man sich nicht noch einen Kuchen spendieren auf diese Freudenbotschaft hin?

26.10.40. Mein Sohn muss wenigstens nicht töten! Was für ein Trost. Außerdem: kein Unteroffizier »*Himmelstoß*«[1] kann auf ihm herumtrampeln und ihm befehlen, England und seine

Freunde dort und seine Freunde in der Welt zu »vernichten«. »Vernichten, Vernichtung!« das sind die Worte, die täglich in jeder Zeitung stehen, die unter Jubelgeschrei in Dichtungen verherrlicht werden, und in Briefen an mich von Freunden Martins zu lesen sind! Wir singen das »Hohe Lied der Vernichtung!« Welch eine Herausforderung Gottes! Wie lange wird er zusehen? Gott wird nicht ewig schweigen. Das ist mein Glaube, und das hilft mir vielleicht – vielleicht –, diesen entsetzensvollen Widersinn zu überleben.

27.10.40. »Haben Sie es gehört im Radio: Der Führer hat sich mit *Franco* an der spanisch-französischen Grenze getroffen?«, ruft mir Frau Apotheker zu, ein Seufzer hingerissener Ehrfurcht entquillt ihr, ein verklärender Schein von Gott-Anbetung überhellt ihr Gesicht. »Ich danke dir, Gott, dass du uns diesen Gott gesandt hast!«, so fühlt sie. »Und sei, bitte, nicht böse, wenn ich den Gott Nummer Zwei über dich selbst stelle! *Seine* Taten *sehe* ich, *erlebe* ich, während die Deinen für mich im Dunkeln bleiben. Darum ist mein Hauptgott, mein direkter Gott, *Er*, der Führer, den du mir gesandt hast, usf.« So ungefähr lautet das verzückte Gebet solcher Frauen. Es gibt, gottlob, auch andere! Man müsste sonst gar verzweifeln.

14.11.40. »Aber der Führer – –.« Das ist immer der Einwand. »Der Führer« ist bereits eine mythische Gestalt im deutschen Volk, ein »böser Geist«, gegen den niemand etwas zu äußern, ja nicht einmal im Geheimen zu denken wagt, weil man – abergläubisch wie man ist – fürchtet, er könnte sich rächen, er sei ein Gott, ein böser Gott, der alles weiß und alles bestraft. Wie entsetzlich, was alles im Namen des deutschen Volkes geschieht. Tausenden, Abertausenden dämmert es, wie schauderhaft man die deutsche Ehre befleckt, wie viel Schuld wir auf uns laden – oder richtiger: wie viel Schuld andere im Namen unseres Volkes, *meines* Volkes, auf uns alle laden, wie viel Grund zum Schämen wir haben! So viel, dass wir unser Gesicht verhüllen möchten, dass niemand es mehr erblicke. Das ahnen und fühlen Millionen. Aber um Gotteswillen! Sie bekreuzigen sich nach jedem entschlüpften Wort oder gedachten Gedanken, und ihre Lippen flüstern: »Der Führer! Wenn alle wären wie der Führer und das Gute und Rechte wollten wie er! Wie genial, wie gut, wie edel: Er hat die Norweger, die Belgier, die Holländer, die Luxemburger, die Rumänen – wen noch? – vor den Schrecken einer englischen Invasion bewahrt! Wie sehr sollten ihm diese Völker danken!« usf. Vergeblich wendet man ein: »Warum hat er denn die *Engländer* nicht schuldig werden lassen und ist in allen Fällen *selbst* schuldig geworden?«

Diese irregeführten deutschen Menschen! Diese Unter-Weltbürger! Diese lächerlichen Wesen, die nichts durch sich selbst sind, die die »Nation«, das »Vaterland« brauchen, um sich zu drapieren und zu einer Art (was für eine *Ab*-Art ist das!) *Selbstgefühl* zu kommen. Wie sehr habe ich einst selbst an dieses »Vaterland« geglaubt. Und habe gehofft, hier daheim zu sein. Ein Fremdling bin ich, Fremdlinge sind wir hier, unsere ganze Familie, und nach nichts drängt mich so sehr, als irgendwie dieses »Vaterland« wegzubaden, irgendwo unterzutauchen, wieder und wieder, bis auch nicht eine Spur an mir dieses »Vaterland« verrät!

8.12.40. Je mehr ich die Nazis hasse, umso mehr werde ich selbst Nazi. Nämlich so: Sollte dieser Krieg zu Ende sein und zwar so, dass die Nazis ihn verlieren (was Gott geben möge!), dann muss bei uns *wieder* die Gewalt herrschen. Man muss alles, was sich gegen eine vernünftige Weltordnung stemmt, ausschalten. Mindestens muss man alles überwachen! In jede Schulstunde sollte sich jemand hineinsetzen und mit Luchsohren aufmerken, ob der »Revanche-Gedanke« nicht wieder hochgepäppelt und in den jungen Menschen falsches Heldentum gezüchtet wird. Ob der ewig Deutsche Kommissstiefel nicht schleunigst wieder geflickt wird, damit er »demnächst« wieder über den Erdball stolpern und alles zertrampeln kann, was an menschlich Schönem wieder aufzublühen beginnt. Tausend Augen und Ohren sollte man dann haben und gelegentlich den Mut zur Gewalt. Endlich – endlich sollte es doch gelingen, dem Wort »deutsch« wieder einen anderen Klang zu geben! Endlich uns die Scham zu nehmen, wenn wir das Wort denken oder aussprechen und anderen das Entsetzen, wenn *sie* es denken, hören, oder aussprechen! Es gibt doch auch ein anderes Deutschland. Wo ist es?

1941

5.1.41. Lieber *Lindley Fraser*[2], ich habe Sie verschiedentlich im BBC gehört, und alles, was Sie da gesagt haben, war mir so selbstverständlich und überzeugend, es war das, was *ich* selbst denke und fühle. Ein Echo klang in mir und meinem Manne auf, wie es sich vollkommener kein Mensch wünschen kann, der sich berufen fühlt, zu wirken und an dem mitzubauen, woran nach diesem Entsetzlichen gebaut werden *muss*: an einer vernünftigen und darum besseren, glückvolleren Welt. Sehen Sie, lieber Lindley Fraser, im heutigen Deutschland ist folgende Erfahrung allzu gleich: Man kommt mit seinen nächsten Freunden, die man sehr lieb hat, zusammen und bemerkt plötzlich, dass die beiderseitigen Straßen von einem gewissen Punkt ab diametral auseinanderstreben. Man versucht noch eine Zeit lang, wieder zusammenzutreffen, sich die Hände wieder reichen zu können, man gibt eine Menge Kraft für die Erreichung dieses Zieles aus; denn es ist einem so wichtig. Aber zuletzt entdeckt man doch, dass alle Mühe vergebens ist, dass man eben tatsächlich durch getrennte Straßen wandert.

Ich werde mich an Sie und Ihre Gedanken halten, Lindley Fraser. Es muss uns Wenigen hier ja jemand hilfreiche Hand reichen von drüben, von anderswo in der Welt; denn sonst wäre ja all unser Beginnen von vornherein von hoffnungsloser Trostlosigkeit erfüllt.

18.1.41. Was mich krank macht vor Aufregung, ist die Tatsache, dass so wenig Menschen hierzulande der Gedanke kommt, wir könnten etwa den Krieg *verlieren*. Die Ansicht der allermeisten Deutschen ist die, dass wir längst den Krieg schon so gut wie gewonnen haben. Sie richten ihr Leben ganz danach ein, spekulieren auf die ewige Dauer des Dritten Reiches, flüchten sich als Lehrer z. B. in »Heeresschulen« oder zur Rüstungsindustrie; junge Menschen freuen sich auf Posten in den »Kolonien«; jeder weiß, dass »wir als Herrenvolk« allerlei Pflichten – nein, das war falsch, – nur *Rechte* haben. Man sagt: »Mit England wird's natürlich noch etwas kosten, aber im nächsten Monat schon gehen wir hinüber, wir ›schweißen‹ mit unseren Stukas dort, wo wir landen wollen, alles zusammen, kein Lebewesen wird sich mehr regen, und dann hauen wir die Engländer in acht Tagen kurz und klein, und der Friede und der totale Sieg ist da!«

24.1.41. Zuweilen habe ich den Eindruck, als ob ein Massenwahnsinn das deutsche Volk ergriffen habe und als ob ein Gehirnschwund in großem Ausmaß um sich fräße. Denken ist heute überhaupt nicht mehr Mode. Wie wäre eine solche Geistesverwirrung sonst möglich, dass Deutsche beispielsweise begeisterte Verehrer Albert Schweitzers und *gleichzeitig* glühende Anhänger des Nationalsozialismus sein können! Wendet man gegen diese Zusammenstellung schüchtern etwas ein, so wird man mit einem mitleidigen Achselzucken abgetan, das etwa besagen will: »Du bist eben noch nicht so weit fortgeschritten wie ich!« Gebe Gott, dass ich nicht auch noch so weit »fortschreiten« werde! Oder: heute früh wurde im Rundfunk eine Plauderei über die »Güte« verlesen. Etwas, das so unzeitgemäß ist und so weit ab von allem liegt, was der Nationalsozialismus lehrt. Und doch – ich schwöre es – werden die Hörerinnen aufatmend gesagt haben: »Wie war das schön! Wie war das gut! Wie war das richtig!«

Gott verhelfe uns wieder zu unserem Verstand.

10.2.41. Jedes Haus bekommt fünf Eimer Sand zum Löschen der Brände bei Luftangriffen. Eine Bekannte sagte ergriffen: »Wir sollten noch viel dankbarer sein dafür, dass so für uns gesorgt wird!« Also, auf, deutsches Volk, sei dankbar!

11.2.41. Der Sand ist noch nicht da. Aber wisst ihr, ihr lieben Kinder, warum ich mich auf ihn freue? Weil ich mir vorstelle, dass er nach dem Krieg irgendwo im Garten liegen wird und dass deine Kinder, liebes Däxlein, mit ihm spielen werden.

Gestern waren R's da. Er hält den Krieg gegen Russland für bevorstehend. Das würde euch in England entlasten, so hoffe ich. Was soll noch werden!

14.2.41. abends. Lieber Lindley Fraser, gestern Nacht (22 Uhr) haben Sie endlich wieder einmal ein paar Worte gesprochen. Wie die Welt *nach* dem Kriege aussehen soll! Ach Gott! Nach dem Kriege! Sie sagten das, als ob das tatsächlich wieder wirkliche Wirklichkeit werden könnte! Werden würde, nein *wird*, sein wird! Ich kann Ihnen nur eines sagen: wenn ich dann noch Kraft haben werde, noch ein wenig Kraft, dann will ich mitarbeiten, mitschaffen an dieser Welt, die ein anderes Gesicht haben soll. Es ist einem unbegreiflich, dass das deutsche Volk in seiner großen Mehrheit dem heutigen Begriff »deutsch« zujauchzt.

17.3.41. Neid ist kein erhabenes Gefühl! Ich neige für gewöhnlich nicht dazu, aber nun bin ich doch zuweilen neidisch, schmerzhaft neidisch: auf alle die nämlich, die nicht als Deutsche geboren worden sind, die nicht an der Hitler-Schmach mitzuschleppen und die später das Recht haben, die Welt neu ordnen zu helfen.

23.3.41. Noch eine kleine Betrachtung über die »heldische deutsche Jugend«. Das Jungvolk in der Hitlerjugend hatte letzte Woche wieder einmal Altpapier zu sammeln. Eine Frau rief aus der Waschküche: »Ich habe heute keine Zeit, Papier für euch herzurichten, ich habe große Wäsche!« Als die Frau später aus der Waschküche in ihre Wohnung hinaufstieg, fand sie die Rache der Lausbuben (sprich: »deutsche Helden«) im Treppenhaus: sämtliche dort aufgestellten Sand- und Wassereimer waren über die Treppe hinab ausgegossen. Aber nicht genug! Andern Tages fand die Frau große Flächen der Hauswand mit Rot überschmiert! Daraufhin wandte sie sich an die Polizei. Was aber antwortete man ihr? Die Polizei sehe sich außerstande, in dieser Sache einzuschreiten! Natürlich! Wieso auch! HJ ist doch weit mehr als Polizei!

26.3.41. Ein Schwiegersohn ist in der Regel ein Mensch, zu dem die Schwiegereltern sehr nahe Beziehungen haben. Ein *deutscher* Schwiegersohn jedoch – *unser* Schwiegersohn – ist vor allen Dingen deutsch und heldisch (er war zwar noch nicht an der Front), und natürlich ist er überzeugt vom deutschen Sieg, hundertprozentig überzeugt! Er entwickelt im Gespräch die Invasion Englands, lässt Fallschirm-, Luftlande- und andere Truppen landen, schwelgt in deren Heldentum, erzählt, dass man vorher mindestens drei Wochen lang die Engländer mit Luftangriffen so zermürben wird, dass sie nicht mehr wissen, was »vorn« und was »hinten« ist. Er weiß, dass wir selbstverständlich alle amerikanischen Lieferungen torpedieren (der Führer hat's ja gesagt, nicht wahr?), dass wir Afrika wieder erobern werden (gleichzeitig mit der Invasion Englands, denn wir sind unerhört stark!). Der Schwiegersohn nimmt mir übel, wenn ich sage, dass die Italiener ihr Kolonialreich fast ganz verloren haben. Ich sage: »Die Italiener sind ja demnächst eingekreist in Abessinien, sie haben nur noch einen Hafen am Roten Meer. Sie können bald nimmer raus!« Er antwortet überheblich: »Die wollen gar nicht raus! Die ziehen sich ins Innere zurück, wo sie sich verteidigen werden. *Wir* werden aus den Lüften als Retter erscheinen! Wir werden alles wieder erobern und noch mehr dazu!«

Wir! Wir! Wir!

Ich habe vor des Schwiegersohns Ankunft die Antenne entfernt, damit er nicht auf den Verdacht kommen solle, ich höre Radio London, und ich habe auch sonst noch entsprechende Vorsichtsmaßregeln ergriffen. Das ist »deutsches Familienglück« im Jahre des Heils 1941!

28.3.41. Gottlob, der Schwiegersohn ist »vorläufig« abgereist. Und wenn er uns auf der Rückreise aus den Bergen noch einmal beglücken wird, werden wir verreist sein. *Ein* Tag Zusammenlebens hat unserer Tochter, die seit einigen Monaten in das Elternhaus zurückgekehrt ist, wieder genügt, ihr ganzes Elend aufzudecken. Scheidung ist vorläufig unmöglich. Ludowike ist ganz in seiner Gewalt, denn sie hat ihm gegenüber über den deutschen Gott Hitler und seine Nebengötter, über den Willen Hitler-Deutschlands zum Krieg, über seine Grausamkeit den Juden und dann den kleinen besetzten Ländern gegenüber ihrer Empörung nur allzu deutlich Ausdruck gegeben. Ein Elend! Was soll werden, wenn Lord *Halifax* Recht behält mit seiner düsteren Voraussage, dass der Krieg noch zwanzig Jahre dauern werde?

1.4.41. Zeitungen und Radio sprechen von »Volkszorn«, der sich empört darüber, dass wir Jugoslawien gegenüber eine so undeutsche Geduld an den Tag legen. Wir lassen uns (deutschen Zeitungsmeldungen nach) provozieren und bleiben bei den grässlichsten Drohungen Volksdeutschen gegenüber in sanfter Ruhe. Aber wehe, wenn der Tag der Rache angebrochen sein wird! Mit dieser Vorstellung tröstet sich dann der Durchschnittsdeutsche. Diese Vorstellung kühlt bzw. bändigt seinen furor teutonicus noch so lange, bis – bis – ja – bis wir die Segnungen der »neuen Ordnung« auch nach Jugoslawien bringen dürfen, wie wir sie nach der Tschechei, nach Polen, Rumänien usf. gebracht haben.

Karfreitag 1941. In ein Mäuseloch möchte ich mich verkriechen, wenn ich daran denke, dass ich zu dem Volk gehöre, das nun ohne Zaudern Belgrad vernichtet hat. Wehe, wenn die Engländer stark genug sein werden, zurückzuschlagen! Wenn ich mir überlege, ob tatsächlich dieser *eine* Verbrecher – unser »Gott Hitler« – schuld an all dem Jammer auf Erden ist, so muss ich immer wieder sagen, dass bestimmt eine große Zahl gleichgerichteter Willen in unserem Volk vorhanden sein müssen, dass vor allem die Generäle, die Offiziere überhaupt, diese »Religion« zu der ihren gemacht haben, und dass das dumme Volk es nachbetet. Wohin werden wir noch kommen, wenn England nicht bald stark genug ist, diesen Verbrecher zu zerquetschen! Unser Bekannter K. leidet offenbar wie wir. Er hält sich, obgleich die Sonne scheint und er an solchen Tagen sonst in seinem Gärtlein hantiert, in seiner Werkstatt unter der Erde verborgen. Er bastelt – trotz Karfreitag. Zuweilen höre ich Hammerschläge. Auch er scheint verzweifelt zu sein, die deutschen Erfolge auf dem Balkan scheinen ihn genauso zu quälen wie uns.

Heute Nacht kommt unser Schwiegersohn, und wir besinnen uns, wie wir ihm und seinem von Heldenmut triefenden Geschwätz morgen aus dem Weg gehen können. Was für eine Zeit!

22.4.41. Ich habe das *Reichsarbeitsblatt* Nr. 6, Jahrgang 1941, vor mir liegen. In diesem ist die »Vorläufige arbeitsrechtliche Behandlung der Juden« festgelegt. Scham überkommt mich, wenn ich sehe, *wie* unsere Herren Juristen die Worte und Paragrafen deuten, um aus Unrecht »Recht« auszutüfteln. Kurz gesagt: die Juden *müssen* arbeiten, denn es geht nicht an, »Arbeitskräfte nur deshalb ungenutzt zu lassen, weil sie einer fremden Rasse angehören«. – – »Besonders geeignete Arbeiten für Juden sind Erdarbeiten, Straßenreinigung, Erfassung und Sortierung von Altmaterial, Hilfsarbeiten in den Betrieben usf.« Aber den Juden steht kein Recht zu, weder in Bezug auf irgendwelche sozialen Einrichtungen der Betriebe noch überhaupt irgendein anderes Recht. Abgesondert von den »Deutschblütigen« sollen sie ihre Zwangsarbeit verrichten usf. usf.

5.5.41. Gewiss, auch ich glaube an einen »Sinn«. Aber ich glaube erstens nicht, dass Gott Hitler als »Werkzeug« ausersehen hat, um England für seine »Missetat« zu bestrafen (wie viele naive Fromme, denen ich dann die Gegenfrage stelle: »Dann liegt wohl das Werkzeug, das Deutschland für seine gegenwärtigen Übeltaten zu züchtigen hat, auch schon wieder in der Wiege?«) Zweitens glaube ich nicht, dass der »Sinn« dieser entsetzensvollen Gegenwart sich dann erfüllt, wenn wir uns ergeben fügen und nicht einmal mehr innerlich dagegen aufbäumen. Sondern: ich glaube an den »Sinn« dieser Zeit, indem ich hoffe, dass sie viele Menschen wachrüttelt, dass sie in ihnen das glühende Wollen erweckt, nachher eine bessere Welt aufbauen zu helfen! Dass viele – viel, viel mehr Menschen als früher – sich ihrer Verantwortung dem Ganzen gegenüber bewusst werden, dass sie sich schwören, nie mehr eine Diktatur zuzulassen, dass sie lernen: auch auf mich kommt es an, damit sich solches nicht wiederhole! Dass man sich endlich bemüht, die Wurzel aller Kriege – wirtschaftliche Not – auszurotten, dass man wachsam wird und bei den kleinsten Anzeichen, die neues Wachstum von Völkerhass offenbaren, einschreitet und nicht abwartet, bis das Unkraut einem über den Kopf geschossen ist!

Heute hat der australische Premier gesagt, es habe keinen Zweck, Hitler zu töten, das deutsche Volk müsste einmal exemplarisch am eigenen Leib erleben, was es anderen zufügt. Der Mann hat Recht. Was hülfe es, unseren »Gott« zu töten? In diesem Fall würde die deutsche Hammelherde lamentieren und sagen: »Warum hat man ihn nicht leben lassen! *Er* hätte den Krieg gewonnen!«

7.5.41. Ich habe die *Wochenschau* gesehen: Führers Geburtstag im Führer-Hauptquartier (wenn ich Arzt wäre, so würde ich anordnen, dass der Mann in ein Irrenhaus käme, denn der Wahnsinn loht aus seinem brutalen Gesicht). Ferner haben wir den Balkan-Feldzug, Bilder vom libyschen Feldzug und – das zerstörte Belgrad gesehen! Ich habe diesem Bericht nichts hinzuzufügen. Ich bin hinausgegangen und durch den frischgrünenden Maienwald die gute Stunde heimmarschiert! Was ist das für eine Welt! Was für eine Welt! Wie soll das jemals wieder gut werden! Mein Herz ist übervoll von Jammer, und das einzige kleine Tröstlein ist mir nur: meine Kinder haben nicht teil an diesem entsetzlichen Tun! Ludowike geht abseits der deutschen Heerstraße, Cläre ist Engländerin, und mein Bub ist in Kanada interniert!

Was für ein Gewieher im Film heute, als ein »jüdischer serbischer Offizier« gezeigt wurde. Und da soll man noch an eine deutsche Zukunft glauben!

13.5.41. Es geschehen Zeichen und Wunder! Rudolf Hess (in den deutschen Zeitungen heißt er nur noch Hess) ist in England! Was hat ihn bewogen? Auftrag Hitlers? Ekel vor dem »deutschen Wesen«? Oder: wollte man sich seiner entledigen (Röhm) und gab ihm eine defekte Maschine zum Selbstmord? Eine defekte Maschine, die aus Versehen ihn bis England trug oder von irgendeinem Gutgesinnten in eine gute umgetauscht wurde? Man pflegt sich im Dritten Reich auf diese Weise seiner gefallenen Größen zu entledigen. Sie müssen verunglücken, und ihre Bestattung wird zu einem Propagandarummel, einem »Staatsbegräbnis«, ausgebeutet. Wie dem nun auch sei, auf alle Fälle: er ist in England. Was das bedeutet? Mehr als eine verlorene Schlacht für Deutschland! Wird das deutsche Volk (das entsetzlich törichte deutsche Volk!) nicht ein wenig nachdenken? Zunächst – d. h. oberflächlich betrachtet – scheint es nicht so. »Kreuzige ihn!« Wie laut erschallt das aus den Mündern vieler, die tags zuvor noch Rudolf Hess verehrt haben – mehr fast als Göring! Oder gar als Gott Hitler selbst? Könnte Rudolf Hess hören, wie seine »Jünger« heute über ihn lästern, ihn verfluchen, seine Autogramme verbrennen, ihre Söhne, denen sie den Namen »Rudolf« gegeben haben als Verehrung für ihn, am liebsten umtaufen ließen: ich glaube, er würde den Flug nach England noch einmal wagen.

Eben sagt meine Nachbarin (sie gehört zu denen, die Rudolf Hess ganz besonders »geliebt« haben): »Wenn er doch tot wär! Aber es scheint, dass er lebt. So kann er alles verraten!« Ihr Mann jedoch tröstete sie: »Er ist schon lange kaltgestellt! Was weißt Du von den neuesten Plänen?« Und schon wird lanciert: »Man will im Juni mit x-tausend Fallschirmspringern nach England. Das gibt einen raschen Sieg!« Sollte es *nicht* gelingen, so hat natürlich Hess Verrat geübt!

15. 5. 41. Meine Nachbarin zur Rechten ist Bayerin, zugleich aber eine »gottesfürchtige« Protestantin und eifrige Kirchgängerin. Sie sagte zu mir: »Denken's nur, die Engländer werfen Bomben, deren Luftdruck den Menschen die Lunge zerreißt! Sie brauchen ka bisserl a Verletzung haben und gehen doch drauf! In Mannheim muss's schrecklich g'wesen sein! Mein Mann sagt: ›So ne Schweinerei kann sich der Führer unmöglich länger g'fall'n lassen! Sicher geht er in den nächsten Woch'n nach England, wenn's sein muss, mit Gas!‹«

Ich antwortete: »Ein schreckliches Morden! Möglicherweise haben *wir* bald so viele Tote unter der Zivilbevölkerung wie die Engländer!« Ich kann nicht unterlassen, immer wieder darauf hinzuweisen, dass wir ja in England unseren Wehrmachtsberichten nach ... zigtausende Zivilpersonen getötet und dass wir darüber *gejubelt* haben. Es ist dieselbe Frau, die vor einem Jahr, wenn ein paar englische Flieger kamen und einige Bomben bescheidener Wirksamkeit abwarfen, sagte: »Dös san nur die letzten Zuckungen von den Engländern! In vierzehn Tag hob'n mr Fried'n!«

Da ich nun schon an meiner Nachbarschaft bin, so muss ich auch noch meine Nachbarn zur Linken vorstellen. Ebenfalls sehr fromme Leute. Aber sie haben neben dem unsichtbaren, ungreifbaren Gott im Himmel noch ihren Götzen Hitler auf Erden. Als vor einigen Tagen die Nachricht von Hess' Flucht gemeldet wurde, sagte der sanfte Nachbar zu mir: »Ich verstehe nicht: heut' gibt's doch gar nichts anderes, als dass man treu zum Führer hält!« Seine Stimme klang dabei genauso sanft und fromm, wie sie immer klingt!

Ich möchte ernsthaft wissen, wie viele »Durchschnittsdeutsche« wir haben. Dieser ist ein »Allesfresser«; er ist fromm, gottgläubig, christusgläubig, hitlergläubig, vaterlandsgläubig, er ist voller Mitleid und – voll entsetzlicher Bestialität. Es schmerzt ihn, ein kleines Tier leiden zu sehen, und er fühlt sich edel in seinem Mitleid, aber gleichzeitig ist es im »höheren« (nationalistischen) Sinn notwendig, ganze Völker auszurotten, sie auf die scheußlichste Weise vom Erdboden verschwinden zu lassen – zu »vertilgen« (wie Hitler sagt).

19.5.41. Eine junge Dame war heute zu Besuch da (Freundin meiner Tochter). Sie erzählte naiv, dass sie schon vor der offiziellen Nachricht vom Beromünster Sender[3] (zuerst sagte sie: vom englischen Sender!) erfahren habe, dass Hess in England sei! Wie viele Menschen in Deutschland mögen sich an den »Londoner Rundfunk« klammern! Wenn die Engländer uns gelegentlich den Leviten lesen und sagen, wir alle hätten zu allem geschwiegen und trügen darum mit an der Schuld für all das Entsetzen, so tun sie uns etwas Unrecht. Was hülfe es, wenn wir uns jetzt aufbäumen würden? Gar nichts! Hitler hat genügend Maschinengewehre, um auch im Inland einige in Betrieb zu setzen! Und da er – nach seinen eigenen Worten – »der härteste Mann Europas« seit Jahrhunderten ist, wird es ihm gar nichts ausmachen, alle abzuknallen, die auch nur den leisesten Versuch machen, eine Revolution zu organisieren. Wer aber sollte dann nach dem Untergang des Dritten Reiches das »andere« Deutschland gestalten? Die Zeit für eine erfolgreiche Revolution ist noch nicht reif.

Was hat es geholfen, dass mein Mann vor der Machtergreifung im Rundfunk, in philosophischen Aufsätzen und gelegentlich in seiner Schulklasse gegen den Nationalsozialismus auftrat? Das Dritte Reich ist *doch* gekommen; mein Mann aber verlor seine Stelle und beinahe wäre ihm Schlimmeres passiert! Und ich? Auch ich habe mit meiner Arbeit in Wort und Schrift nichts erreicht, als dass ich kaltgestellt wurde, und wenn man mich nicht nach Dachau gebracht hat, so vielleicht, weil meine nach außen heitere Wesensart mir viele Freunde schuf, die mir wohlwollen (wenngleich sie mich politisch »undiskutabel« finden) oder weil irgendjemand vielleicht im entscheidenden Augenblick ein gutes Wort für mich eingelegt hat. Unsere Tochter, der eine Lehrstelle an der Hochschule für Lehrerbildung übertragen war, wurde diese Stelle *nachträglich* wieder entzogen, weil es nicht »tragbar« sei, dass »eine Tochter aus belasteter Familie« eine derartige Stelle bekleide! Sooft das Ausland uns Vorwürfe macht, muss ich denken: »Ihr habt offenbar noch nicht die richtige Vorstellung davon, *wie* eng der Maulkorb geschlossen ist, den Hitler uns umgehängt hat!«

28. 5. 41. Der deutsche Geheimsender sagte heute u. a.:

»Allmählich dämmert hinter mancher Stirne
nicht Hess ist der Verrückte,
Du hast die weiche Birne!«

30. 5. 41. Man erzählt, es sollen *Häuser*[4] eingerichtet werden, in denen sich jede Frau ein Kind »holen« kann. Wohin sind wir geraten!

1. 6. 41. Also doch! Kreta in deutscher Hand! Schrecklich! Manchmal bin ich den Engländern fast böse, weil sie so wenig vorbereitet waren und weil sie – weiß Gott – immer noch nicht wissen, dass für uns Menschenleben keine Rolle spielen. Für unseren Moloch opfert das Volk Dreiviertel seiner Söhne! Entsetzlich!

Heute kommt folgendes Inserat in der Zeitung:

»5000 RM Belohnung erhalten.

Berlin 31. Mai.

Ein Angestellter, der unter Einsatz seiner Person und seiner Stellung die deutschen Behörden auf einige Landesverräter hingewiesen hat, erhielt als Anerkennung für seine hervorragende Tätigkeit vom Chef der Sicherheitspolizei und des SD. eine Belohnung von 5000 Reichsmark.«

Pfui!

5.6.41. Unser »deutscher« Schwiegersohn sagte zu seiner Frau anlässlich einer der vielen Gelegenheiten, bei denen sie wieder einmal nicht mehr schweigen konnte: »Meine Enkel werden mich einmal beneiden um diese große Zeit, die ich miterleben darf!«

»Wie? Wie willst Du denn zu Enkeln kommen? Dazu musst Du doch erst Kinder haben und Du weißt –«, erwiderte Ludowike.

Ja, er weiß, dass seine Frau Ludowike weder ihm noch der »großen Zeit« Kinder gebären will!

»Du wirst Dich nach einer anderen Frau umsehen müssen!«, fügt sie bei. »Es wird gut sein, wenn Du das bald tust und nicht Deine besten Mannesjahre vorübergehen lässt –« »Werde ich auch!«, sagte er großspurig.

»Ich werde selbstständig sein, werde mein Geld verdienen, werde keine finanziellen Ansprüche an Dich stellen. Du hast es leicht, Du kannst die Ehe heute schon lösen.«

»Was? ›Großmütig‹ spielst Du Dich auch noch auf. Die ›Großmut‹ ist bei mir, dass ich eine derartige politische Anschauung überhaupt in meinem Hause dulde!«

»Du brauchst sie ja nicht in ›Deinem‹ Hause zu dulden. Ich lebe ja bei meinen Eltern.«

»– – – in meiner Familie dulde –«, verbesserte er sich.

Ach ja, das ist es: in »seiner« Familie! Zu »seiner« Familie zählt nicht nur seine Frau, dazu gehören auch seine Schwiegereltern. So schwebt dauernd das Henkersbeil über uns, jede Stunde kann der noble junge Mann hingehen und uns anzeigen, uns den Schergen ausliefern. Er weiß zu viel von uns! Wir *konnten* nicht immer schweigen. Wir *mussten* ihm sagen, was wir denken, wie wir die Sache ansehen. Schon lange zwar tarnen wir uns ihm gegenüber, so gut wir können. Aber er weiß Bescheid. Es genügt, wenn man nicht den grässlichen Zeitungsjargon über die »gemeine Bande der Engländer« gebraucht, nicht in die verzückte Anbetung des Gottes Hitler (des hässlichsten aller Götzen, »Moloch« war dagegen ein guter Gott) einstimmt, und schon kann der eigene Schwiegersohn hingehen und fünf- oder zehntausend Mark verdienen mit seinen Denunziatiönchen! O Deutschland hoch in Ehren! Wenn doch England rasch, rasch einen Erfolg hätte, damit diesem Schlangengezücht der Schrecken ins Gebein führe.

15. 6. 41. Heute hatten wir wieder einmal »Tank-Gäste«. Was das ist? Nun, das sind Leute, die entweder keinen Radio haben, oder die in einem Mietshaus wohnen, wo es ganz besonders gefährlich ist, Auslandssender zu hören, weil die Wände zu dünn sind! Natürlich müssen das verlässliche Menschen sein. Aber da erhebt sich gleich die Frage: »*Wer* ist heute verlässlich?« »Noch nicht umgefallen?«, habe ich heute einen Tankgast begrüßt. »Das S' mr ôber nöt umfôll'n!«, erwiderte er lachend. Dies sei die Mahnung gewesen, die sein Tiroler Gastwirt – wo er seine Ferien verbracht hat – ihm als letzten Gruß mit auf die Heimreise gegeben habe.

Heute Nachmittag hatten wir dann einen vollgetankten Besuch (ich unterscheide zwischen Tankenden und Getankten). Die russische Sache (wird Russland sich wehren, inwieweit wird es sich wehren können, wann wird der Einmarsch erfolgen?) wurde besprochen. Dann natürlich die Frage, wie wird es nachher werden. Nachher nämlich, wenn England gesiegt haben wird. Man berät sich ernsthaft, denn »nachher« müssen doch Menschen da sein, die aufbauen *können* und die willens sind, es zu tun. Pläne, Aufgaben türmen sich. Aber dazwischen hinein erzählt der »Vollgetankte« die neuesten Witze, z. B.:

»Wir singen hier im deutschen Land,
wir fahren hin nach Engelland.
Wenn aber einer rüberfährt,
so wird er für verrückt erklärt.«

Oder: das Flugzeug Hess' sei auf einer Seite mit den Buchstaben N. S. V. bemalt gewesen (so wurde die »Nationalsozialistische Volkswohlfahrt« bezeichnet), auf der anderen mit D. A. F. (Bezeichnung für »Deutsche Arbeitsfront«). Man hat gefragt, was das bedeuten solle, und die Erklärung lautete: »Nicht schießen! Verrückt!« und: »Die andern folgen!«

Dann: Hess heißt nur noch »He«. Warum? Weil die SS nicht mehr hinter ihm stehe.

Und außerdem: beim »deutschen Gruß« zieht man an der aufgereckten Hand den Daumen ein. Was das bedeutet? »Einer ist schon weg«.

Diese Scherze sind unsere »Nahrung«. Wir sind arme Teufel, denn wir haben nur *eine* Hoffnung: die Engländer. Eigentlich nein: »arm« kann man uns in diesem Jahr nicht mehr nennen, denn unsere Hoffnung ist im Verhältnis zum Vorjahr mächtig gewachsen.

Montag, 23. 6. 41. Acht Tage lang habe ich nicht gewagt, meine Aufzeichnungen aus ihrem Versteck im Kohlenraum hervorzuholen. Viel hat sich ereignet inzwischen, viel, viel! Mir sitzt die Gestapo im Genick (dank den lieben Nachbarinnen!). Mein guter Mann sah mich bereits im KZ; er bat, er weinte, er beschwor mich, doch »klug« zu sein. Nun, die schwarze Wolke zog noch einmal über mich hinweg. Das bedeutet natürlich nicht, dass die Gefahr für immer vorüber ist! Aber vielleicht lässt sie sich bannen.

18.7.41. Eigentlich würde es genügen, Zeitungsausschnitte einzukleben. Ein klein wenig logische Denkfähigkeit, etwas Phantasie, und jeder kann sich ungefähr ein Bild machen vom »deutschen« Paradies. Und doch genügt es auch wieder nicht. In der Zeitung steht natürlich nicht, dass man, um ein Pfund Kartoffeln zu bekommen, Schlange steht – zwei, drei, vier Stunden lang, um dann schließlich zu erfahren, dass von dem kleinen Vorrat soeben das letzte Pfund verkauft worden ist. In der Zeitung heißt es nur: »Keine Kartoffeln hamstern! Nur den notwendigen Bedarf decken! Volksgenosse, denke an die anderen!« usf. usf.

Es steht auch nicht darin, dass es richtige Schlägereien gibt in den Markthallen, um ein bisschen Gemüse – von Obst abgesehen –. Dass erregte Frauen vor kurzem den Oberbürgermeister in die Markthalle geschleppt haben, damit er sich diesen »Schweinestall« ansehe!

Aber Todesanzeigen von »für ihren geliebten Führer« Gefallenen stehen drin! Viele, erschreckend viele! Aber es steht nicht darin, dass die Zeitungen – je nach ihrer Größe – täglich nur bis zu zwanzig solcher Anzeigen bringen dürfen, dass hohe Stapel auf den Redaktionen wartend liegen und – dass eine Anzeige 60 Mark kostet, was von vornherein ausschließt, dass die ärmere Bevölkerung den Verlust eines ihrer gefallenen Angehörigen durch die Zeitung bekannt gibt. Man erzählt auch, dass auf den Postämtern Berge von »Mitteilungen« über Gefallene liegen, dass aber pro Tag nur einige zugestellt werden dürfen.

Zeitungsnotiz vom 29. Juli 1941:

> »Das Sondergericht S. verurteilte die 24 Jahre alte, verheiratete A. D. von G.: wegen verbotenen Umgangs mit Kriegsgefangenen zu *einem Jahr sechs Monate Zuchthaus* und die

34 Jahre alte, verheiratete A. A. aus S. … wegen des gleichen Verbrechens zu *einem Jahr vier Monate Zuchthaus.* Die 30 Jahre alte, verheiratete M. W. von L. erhielt eine Gefängnisstrafe von *sechs Monaten.* Die drei ehrvergessenen Frauen wurden auch äußerlich wegen ihres schamlosen Verhaltens gekennzeichnet.

19.8.41. Auszug aus einer Anordnung der *Reichspropagandaleitung* vom August 1941:

»Durch Mundpropaganda sind nachstehende zehn Grundsätze unter der Bevölkerung zu verbreiten: …

5. Die Sowjet-Juden in Moskau wollten den Krieg gegen Deutschland auf jeden Fall. *Es ist besser, ihn jetzt zu führen, als den Augenblick des Überfalls durch die Sowjet-Union abzuwarten.*
6. Die Endabrechnung mit England kann nicht eher erfolgen, ehe wir nicht im Osten den Rücken frei haben.
7. Die Abrechnung mit der Sowjet-Union verlängert nicht den Krieg, sondern ist Voraussetzung dafür, dass die Abrechnung mit England beschleunigt werden kann.
8. Ein Vergleich des Unternehmens Napoleons mit diesem Krieg ist vollkommen falsch.
   1) hat Napoleon seinen Kampf im Winter geführt.
   2) ist es ein Unterschied, ob man diese Entfernungen mit dem Schlitten oder mit motorisierten Truppen zurücklegt.
9. Nicht nur in Polen, Norwegen, Holland, Belgien, Frankreich, Serbien, Griechenland und Kreta, sondern bereits in den Anfangstagen der Auseinandersetzung mit der Sowjet-Union konnten wir immer wieder feststellen, *dass der Führer nicht nur der größte Staatsmann*, sondern auch der beste Feldherr der Welt ist …

Für die Verbreitung dieser Grundsätze durch *Mundpropaganda* kommen in erster Linie die politischen Leiter und die Mitglieder der Gliederungen und angeschlossenen Verbände in Frage. Die Ortsobmänner der DAF haben dafür zu sorgen, dass diese Grundsätze durch die Betriebsobmänner in den Betrieben verbreitet werden. Die Ortsgruppenleiter geben dieses Rundschreiben im nächsten Dienststellenappell bekannt.«

Pressenotiz.

»Ab 1. September Winterhilfswerk.
Das kommende Winterhilfswerk beginnt bereits am 1. September 1941. Von diesem Tage an werden auch die *freiwilligen* Opfer von Lohn, Gehalt usw. *einbehalten.*
Grundlage für die *freiwilligen* Spenden ist wieder die Lohnsteuer. Da am 1. Oktober eine neue Lohnsteuertabelle in Kraft tritt, bei der Betriebszuschlag mit der Lohnsteuer zusammengefasst ist, wird die Spende nach der Lohnsteuer berechnet, die sich bei Anwendung der am 1. September gültigen, also der alten Lohnsteuertabelle ergeben würde. Die Spende beträgt monatlich 10% der Lohnsteuer ohne Kriegszuschlag ...«

Kommentar zur deutschen »Freiwilligkeit«.

Zeitungsnotiz im September 1941:

Der gelbe Judenstern.
Er muss ab 19. September getragen werden.
Im Reichsgesetzblatt wird eine Polizeiverordnung veröffentlicht, durch die bestimmt wird, dass *Juden* sich in der Öffentlichkeit nur mit einem *gelben Judenstern* zeigen dürfen. Er ist

sichtbar auf der linken Brustseite des obersten Kleidungsstückes zu tragen. Die Verordnung tritt mit dem 19. September in Kraft.

Der deutsche Soldat hat im Ostfeldzug den Juden in seiner ganzen Widerwärtigkeit und Grausamkeit kennen gelernt. Er hat die Folgen der GPU-Gräuel und die Verelendung der Massen gesehen: Das Werk der Juden. Dieses Erlebnis lässt den deutschen Soldaten und das deutsche Volk in seiner Gesamtheit fordern, dass dem Juden in der Heimat die Möglichkeit genommen wird, sich zu tarnen und damit jene Bestimmung zu durchbrechen, die dem deutschen Volksgenossen die Berührung mit den Juden ersparen.

Was werden sie noch alles an Grausamkeiten erfinden?

21.9.41. Lange habe ich keinen Eintrag gemacht. Das liegt weniger an meiner kranken Hand, als an Mangel an Zeit, an Kraft, an Schwung. Es ist alles so trostlos. Die Fülle der Ereignisse drücken mich zu Boden.

Ein Arzt an einem Russenlager erzählte, wie die russischen Gefangenen gequält werden, und dass man sie verhungern lasse.

Aus einigen Feldpostbriefen: *Ein* Soldat schrieb heim: »Ich *kann* nimmer töten, liebe Mutter!« Ein anderer: »Ich werde wahnsinnig«, ein dritter: »Ich bin restlos glücklich!«, ein anderer: »Es besteht gar keine Aussicht, dass ich wieder heimkomme!« Ein junger Ehemann schrieb heim: »Ich bin so froh, dass unser kleines Kind ein Mädchen ist! Dann muss es später wenigstens das nicht leiden, was ich leiden muss!« (Der junge Vater wird sein Kind nie sehen. Er ist tot in Russland.) Ein junger Pfarrer (Sohn eines Schuhfabrikanten, o Ironie des Schicksals!) bat seine Mutter flehentlich um Zusendung von einem Paar guter Schuhe (vergebliche Bitte, denn es dürfen nur 100 Gramm an die russische Front geschickt werden). Er habe sehr kranke Füße, blutend, wund und sein Schuhwerk bestehe mehr aus Löchern als aus Leder. Aber er dürfe nicht zurückbleiben. Man habe ihm jetzt ein Fahrrad gegeben, er müsse vor mit der kämpfenden Truppe. Am gleichen Tag, als er diesen Brief schrieb, fiel er.

Auf dem Lebensmittelamt sagte ich: »Nun, im nächsten Jahr werden wir die Rationierung wohl nicht mehr haben.« Die Dame sagte: »Mein Chef eröffnete mir: eine Stelle beim Ernährungsamt sei eine Lebensstellung! Der Krieg wird noch lange dauern und nach dem Krieg wird es keine Schiffe geben, dass man in der außereuropäischen Welt etwas kaufen könnte.«

Eine Bekannte bekam die Nachricht, dass ihr Sohn in Russland vermisst sei. Gleichzeitig kam ein Brief vom andern Sohn, der ebenfalls in Russland ist. Ein sehr vergnügter und zu den Ereignissen sehr positiv eingestellter Brief. Die Mutter schrieb: »Das ist ja mein Junge gar nicht mehr! Das ist ja mein Junge gar nicht mehr!« Die Arme hat an diesem Tag zwei Söhne verloren, und die weniger schmerzende Wunde schlug der Verlust des Totgeglaubten. Der »Junge« ist derjenige, der früher schrieb: er habe alles »über Bord geworfen«, seine ganze frühere Weltanschauung!

Aus der Zeitung ausgeschnitten:

»*Todesstrafe für Rundfunkverbrecher.*

Berlin, 27. Oktober.

Zwei besonders krasse Fälle von Rundfunkverbrechen fanden in der letzten Zeit ihre Sühne durch Todesurteile, die der Schwere der Vergehen allein gerecht werden. Das Sondergericht beim Landgericht *Nürnberg-Fürth* verhandelte gegen den 1898 in Nürnberg geborenen Johann *Wild*, der sich nach der Machtergreifung systematisch unter den Einfluss marxistischer Netzpropaganda gestellt hatte, indem er die ausländischen, meist von jüdischen Emigranten inspirierten Rundfunksendungen abhörte. Das Sondergericht stellte fest, dass der Angeklagte bewussten und gewollten Volksverrat getrieben hat. Es verurteilte ihn daher zum Tode wegen eines Verbrechens gegen §2 der Rundfunkverordnung, sowie zu einer Zuchthausstrafe von vier Jahren, wegen Abhörens von Rundfunksendungen und wegen Verbreitung von ausländischen Rundfunknachrichten.

In einem anderen Falle hatte das Sondergericht in *Graudenz* gegen die Haushälterin Pelagia Bernatowicz und mehrere Mitangeklagte, sämtlich Polen, zu verhandeln. Pelagia Bernatowicz benutzte die Abwesenheit des Arztes, bei dem sie als Wirtschafterin tätig war, um an dessen Rundfunkgerät ausländische Sender abzuhören und lud regelmäßig polnische Bekannte zu diesem verbrecherischen Treiben ein. Daher war die Todesstrafe die erforderliche Sühne.«

Wann wird für *uns* Rundfunkverbrecher das letzte Stündlein schlagen?

13.10.41. Unser Nachbar K. kam von einer Sitzung. Teilnehmer an der Besprechung waren ein Arzt, ein Chemiker und ein Gewerbelehrer. Bei der Besprechung wurde erzählt: im russischen Gefangenenlager in Frankfurt äßen sich die – – –

Nein, ich muss anders beginnen: Gestern hörten wir von Freunden, dass die gefangenen Russen zu Tausenden umgebracht würden, dass man ihre Kleider und Stiefel dem deutschen Militär gäbe, dass man die Kadaver »natürlich« auch noch verwerte. Als ich das hörte, dachte ich: Schlimmeres kann es nicht mehr geben. Aber im Deutschland der »großen Zeit« ist alles möglich. Die drei oben erwähnten Herren waren in Frankfurt gewesen und brachten von dort die Nachricht mit, dass die im dortigen Gefangenenlager lebenden Russen sich gegenseitig aufäßen! Entsetzen? O nein! Lächeln auf den Gesichtern der drei Herren, und auf die Feststellung, dass die besagten Russen *Hunger* haben, erwiderte der Arzt: »Ist ganz in Ordnung! Wir können uns einfach *nicht leisten*, den Russen mehr zu essen zu geben. Warum haben sie den Krieg angefangen!« *Wer* hat den Krieg angefangen? Ach so – natürlich die Russen! Es war mir geschwind, als – als hätte Deutschland angefangen. Aber ich weiß nun meine Lektion wieder richtig! Polen hat angefangen, Russland hat angefangen! Das Gesindel bekommt seinen Lohn! Weg mit ihm! Lebensraum für uns!

Das ist der im Lande kursierende Goebbels'sche Sprachschatz.

14.10.41. Ich frage mich: *Wie* lange darf das noch so weitergehen, dass im Namen Deutschlands Verbrechen über Verbrechen an der ganzen Menschheit – ja an Hunderttausenden von Deutschen selbst – begangen werden dürfen? Was nun in Frankreich mit den Geiseln wieder geschieht – ich möchte mein Antlitz verhüllen vor Scham und Schmerz!

2.11.41. Wenn wir den Krieg gewännen – das Herzblut stockt mir bei dem Gedanken – hätten wir da noch eine Poesie? Vielleicht, ja, aber es wäre eine »blutgetränkte« Poesie von klirrenden Waffen, stampfenden Pferden, ratternden Panzern und sich heiser schreienden Kriegern! Das wäre unsere Poesie. Hätten wir Musik? Vielleicht! Komponiert aber würden nur Märsche, Märsche, Soldatenlieder, Heldengedichte! Hätten wir Maler, Bildhauer? Vielleicht. Was aber würden sie schaffen? Schlachtenbilder und lebende und sterbende Krieger. So würde es in unserer Kultur aussehen. D. h.: es ist *jetzt* schon so. Aber das wäre dann ein Dauerzustand. Alles, was sonst hervorsprießen möchte aus deutschem Gefühlsleben, würde zertrampelt. Kein Mensch hätte Muße, das ganze Leben ginge im Marschtritt.

4.11.41. Jemand flüsterte mir zu, man bringe nun die Juden weg von unserer Stadt. Die armen Menschen seien der Auffassung, dass dies nur eine Etappe sei auf dem Weg nach Grafeneck[5]!

Immer wieder wird erzählt, dass die deutschen Soldaten an der Kanalküste kaum ein paar Schuss Munition haben und dass sich alle darüber wundern, dass die Engländer nicht kommen. Warum tut ihr Engländer so wenig? Gebt unseren Großmäulern doch mal eine klatschende Ohrfeige, an deren Schall die blöde Hammelherde von einem deutschen Volk erwacht!

15.11.41. Ein Luftpostbrief von Martin! Und zwar schon vor einer Woche! Mit einem Bildchen von meiner Enkeltochter! Was für ein strahlendes, das Leben bejahendes, harmonisches Geschöpf! Wisst ihr, was ich möchte? Lange genug leben möchte ich und lange genug frisch bleiben, um dieses süße Kind heranwachsen zu sehen und ihm meine Liebe als Kraft mit ins Leben zu geben. Ob dieser Wunsch mir erfüllt werden kann?

Ein Beauftragter der »UFA« (Film-Produktion) hat mich aufgesucht und zur Mitarbeit aufgefordert. Er erzählte viel. U.a., dass in den deutschbesetzten nordischen Ländern, wo die »Ufa« auch Filmtheater einzurichten hat (Propaganda), kein Mensch in diese deutschen Filme geht! Das nenne ich Haltung. Man könne diese Menschen eben in Gottesnamen nicht mit Gewalt zwingen, sich dies und das anzusehen, sagte der Mann. Und so lange wir keine Filme produzieren wie die guten amerikanischen Filme, seien wir mit unseren Filmen »im Eimer« (wie der Berliner sagt).

Ist das nicht nett? Dieser Mann schien mir überhaupt mit einer seltenen, im Deutschland von heute ungewohnten Vernunft begabt. Nun, er heißt auch »Wozniak«. Klingt doch wunderbar deutsch, nicht?

Einer Frau fiel ihr einziger, heiß geliebter Sohn im Osten. Weinend schleicht sie durch die Tage. Aber – hasst sie den Führer? Ach nein. Sie vergöttert ihn nach wie vor und sagt: »Er ist der genialste Mensch, der seit Jahrhunderten auf Erden wandelte.« Und dabei ist das keine »dumme« Frau! Und doch so dumm! »Deutschdumm«. Anders kann man das nicht bezeichnen.

19.11.41. abends. Das schönste Weihnachtsgeschenk ist mir die »Lange Welle 1500«! Dass London nun auch auf dieser Welle sendet, wird es vielen ermöglichen, nun auch zu hören. Denn »Kurzwelle« einzuschalten, ist eo ipso verboten. Und es geht das Gerücht, dass man feststellen könne, in welcher Gegend Kurzwellen eingeschaltet sind, und dass dann leicht herausgefunden werden kann, *wer* es ist, der Goebbels so ungehorsam ist, und Kopf und Kragen riskiert.

26.11.41 Wenn es auch nur ein Quäntchen Wert hätte, ich würde mich auf den Marktplatz stellen und die deutsche Schande laut hinausschreien. Aber bevor ich auch nur *einen* Satz beendet hätte, wäre ich gepackt und hinter Schloss und Riegel gebracht oder gar umgelegt worden. Ein nutzloses Opfer!

10.12.41. Gelähmt vor Entsetzen! Haben die Japaner Bomben, von deren Wirkung weder Amerika noch England eine Ahnung hatte?

22.12.41. Woll- und Pelzsachen sind abzugeben! O, wird das den armen, hübschen, pelzmantelschwenkenden Frauen und Mädchen wehtun! Zu keiner Zeit hat man so viele, so elegante, so teure Pelzmäntel gesehen wie jetzt in der armen Kriegszeit! Pelzmäntel und hohe Rohrstiefel! Lauter Beuteware! Nicht wahr, es war doch so schön, einen Schatz oder Bräutigam oder

Gatten in Polen, Frankreich, Belgien, Holland zu haben! Herrlich war der Krieg da! Das reinste Weihnachten! Er bescherte einem heißbegehrte Dinge, an die auch nur zu denken eine Verwegenheit gewesen wäre. Schön war der Krieg! Groß! Federnden Schrittes ging man in seinen hohen Stiefeln, seinen seiderauschenden Kleidern, der wonnigen Unterwäsche und dem prächtigen Pelzmantel, erfüllt von erhebendem Herrenmenschen-Bewusstsein, durch die Straßen. Und nun? Nun soll all dies sein wie eine schillernde Seifenblase! Zerplatzt! Aus!

Voll von Humor scheint der Krieg zu sein! Da sieht man in der *Wochenschau* Bilder, die das »Einzigartige« des Soldatenlebens, das Humorvolle, Lustige überzeugend dartun: Ein tief verschneiter Unterstand im Osten trägt beispielsweise die Bezeichnung »Zur fidelen Laus«. Da wiehern die Zuschauer vor Vergnügen, überlegen keine Sekunde, *wie* wenig fidel das Leben in der »fidelen Laus« für deren Bewohner in Wirklichkeit ist. So wenig »fidel«, dass wir unsere Schränke und Schubladen durchstöbern müssen, ob sich nicht irgendwie noch etwas findet, das die Ärmsten in der »fidelen Laus« vielleicht vor dem Erfrieren bewahren könne.

Nun werden die Wohnungen der abtransportierten Juden ausgeräubert. Pfui! Was für eine widerliche Räuberbande sind wir doch! Tun solche Dinge und schämen uns nicht, fühlen uns dabei als Herrenvolk, das »Ordnung« in den »europäischen Saustall« bringt!

Früher – in meiner Jugend – ja, da hatte ich auch allerlei Illusionen über das »deutsche Wesen«. Als beispielsweise im Dezember 1916 die Deutschen in Bukarest einzogen und die verängstigten Rumänen zähneklappernd und weinend in Gruppen zusammenstanden, da ging ich hin zu ihnen und sagte: »Aber so weint doch nicht! Es sind doch die Deutschen, die kommen! Es wird niemandem etwas zuleide getan werden. Im Gegenteil!« Das war meine tiefinnerste Überzeugung. Ich will die einzelnen

Erlebnisse hier nicht aufzählen, die mich schon damals zwangen, meine hohe Meinung von uns »Deutschen« ziemlich herabzuschrauben. Aber alles, was damals geschah und den deutschen Namen schändete, war nichts im Verhältnis zu dem, was heute geschieht! Alle schlechten Anlagen sind entfesselt durch die »Führung« und das Beispiel unserer Über-Verbrecher!

26.12.41. 75% meiner Zeit und Kraft verbrauche ich, um mich und die Meinen vor Hunger und vor den »Bestien« zu schützen, vor jenen »Bestien«, die rundum leben, goldene Brillen auf unschuldigen Gesichtern tragen, auf zwei Beinen gehen, und sich von ferne gebärden, als seien es Menschen. Wer aber diesen Burschen traut, den zerfleischen sie, lecken sich hernach wohlgefällig das bluttriefende Maul und lassen sich einen Orden anheften, fotografieren und in den Zeitungen für ihre heldisch-vaterländische Denunziantenarbeit feiern. Sind wir unentrinnbar mit diesem giftigen Gewürm verfilzt? Wir Alten – nun, wir können ja abtreten, aber die Jungen? Ludowike wird als politisch Unzuverlässige niemals über die Grenze kommen, nicht einmal unter dem Vorwand einer kleinen Reise. Hierher ist sie festgenagelt, hier wird sie zermahlen werden.

27.12.41. Wir waren bei »Erbhof-Bauern«. Es sind bestimmt rechtliche und kluge Menschen, die glauben, das Beste zu wollen. Umso mehr hat es uns erschüttert zu hören, welche Pläne man in bäuerlichen Kreisen propagiert und dass die Bauern sich positiv zu diesen Ungeheuerlichkeiten stellen. Die Bauern wissen, dass man den Osten systematisch entvölkert, um dort unsere deutschen kleinen Bauern auf staatlichen Gütern anzusiedeln. Wer bei dieser »Aufräumungs-Aktion« mit dem Leben davonkommt (Russen, Polen), wird Knecht auf den von unseren Bauern bewirtschafteten Gütern. Eigentum dürfen Polen und Russen nicht mehr besitzen. Der Erbhofbauer erzählt:

»Für die Landwirtschaft innerhalb Deutschlands sind schon vor dem Krieg 41 Milliarden ausgesetzt worden, damit man gesunde Ställe bauen, Traktoren usf. anschaffen und die Bauernwirtschaft rentabel gestalten könne. Viele kleine Bauern werden bei uns zwangsenteignet, damit man große Güter schaffen kann. Diese Enteigneten bekommen dann als Ersatz für ihr kleines Bauerngut einen stattlichen Hof im Osten, im Warthegau, in Polen, in Russland.«

Dies und noch anderes erzählte uns der Erbhofbauer, der zwei Söhne bei den Fliegern hat. Er erzählte es ohne seelische Erschütterung, allerdings mit einem leisen Unterton des Bedauerns, dass wir mit unseren deutschen Händen *vor* dieser herrlichen Zeit noch einige schmutzige Arbeiten verrichten müssen und mit der entschuldigenden und das sich regende Gewissen beschwichtigenden Zwischenbemerkung: »Wenn man was Großes schaffen und eine neue gute Ordnung einführen will, darf man nicht über Kleinigkeiten stolpern. Wo man hobelt, fallen Späne.«

So vergiftet sind die deutschen Gehirne! In einer Weise umnebelt, dass sogar rechtschaffene Menschen diese ungeheuerlichen Ideen mit einem Schein von Größe glorifizieren und sie in einem »feinen und guten Herzen« bewegen.

»Wie aber, wenn wir den Krieg verlieren?«, fragte ich den Erbhofbauern, »wie, wenn die dann etwa eindringenden Russen und Engländer unsere jetzige deutsche Moral zu der ihren machen, uns abmurksen den Tausenden nach, die Überlebenden zu Heloten stempeln?«

»Das ist es ja«, sagte der Mann, »wir *müssen* diesen Krieg gewinnen, sonst – – –« und in schweren Gedanken fügte er hinzu: »Die Dinge sind schon viel zu weit gegangen. Wir *müssen* ihn gewinnen …«

1942

6.1.42. Liebe Kinder! Heute erwarten wir Ludowikes Mann! Schreckliche Aussicht!

Ob unser für den Krieg so begeisterter Schwiegersohn wohl auch seine Skier abgeliefert hat? Ob er, zu Hause angekommen, seinen Schafpelzmantel abliefern wird? Er hat schon jubiliert, dass er nun über die Zeit der Sammlungen verreist sei, also – selbst wenn er wollte – nichts abgeben könne. Und nun ist der Termin verlängert. Pech! Wie mich das alles anekelt! Schließlich kann man noch eine Art von böser »Achtung« haben vor einem *wirklichen* Nationalsozialisten, vor einem, der sich auch den bitteren Konsequenzen nicht verschließt und nicht nur für andere, sondern auch für sich selbst die richtigen Folgerungen zieht und sich schwere Entbehrungen auferlegt. Aber es gibt wenige, sehr wenige solche! Maulhelden! Denunzianten! Raubzügler in anderer Völker Länder, Geldmacher übelster Sorte im Inland, Ausbeuter anderer, »Edel«-Mörder aus russischer Berufung, die ohne Gruseln, aber mit einem Gefühl stolzer seelischer Größe von Massakers [an] Tschechen, Serben, Polen, Juden, Russen erzählen können, an denen sie selbst teilgenommen haben.

Ihr möget denken, ich male in der Erregung zu schwarz. Nein, ihr Lieben. Ich bin in keiner Weise »erregt«, ich bin nur furchtbar traurig und ekelerfüllt! Was ich da niederschreibe, trifft die tatsächliche Wahrheit noch lange nicht. Ihr, die ihr in der Ferne lebt all die Jahre, traget ein anderes Bild von eurer Heimat in euch. Ich weiß das. Es ist auch nicht so, dass euer Bild falsch wäre. Aber die moralische Abwärtsentwicklung des deutschen Volkes in seiner Gesamtheit, das fast dürstige Aufsaugen der falschen Ideale (Rasse, Herrenmenschentum, Weltmission usf.) mit all ihren scheußlichen Folgen beweisen, *wie* hörig ein Volk werden kann, dessen Gliedern jede Möglichkeit genommen ist, selbst zu denken. *Ein* Mensch, *ein* Parteiapparat denkt für alle. Alle Gedanken werden filtriert und in die Gehirne der Masse hineingegossen. Und da es gleichzeitig so eingerichtet ist, dass derjenige, der sich diesem »Gedankengut« widersetzt, verhungern oder im KZ oder Zuchthaus umkommen muss, so legen die allermeisten den eigenen Denkapparat gehorsam still, denn man will ja leben und lieben und essen und trinken.

Nur seit der Wollsammlung scheint beim einen oder anderen der eingerostete Denkapparat sich wieder knarrend in Bewegung setzen zu wollen. Aber – keine Angst! Das Geknarre wird binnen weniger Tage wieder aufhören, wenn nicht im Osten sich weiteres Entsetzen vollzieht.

10.1.42. Zur Erholung sei mal was Nettes erzählt. Unser heldischer Schwiegersohn kam vom Gebirge und erzählte: »Die Skigäste dort haben zum großen Teil ihre Bindungen und die Stahlkanten abgeschraubt und die Bretter abgeliefert, also lauter unbrauchbare Skier.« Mit bösem, aber stolzdeutschem Blick fügte er hinzu: »Das grenzt an Sabotage und muss zur Kenntnis an geeignete Stelle gebracht werden.«

»Und Du, hast Du Deine guten Skier abgegeben?«

»N-n-n-noch nicht. Ich habe nämlich vor Jahren irgendwo bei irgendwem noch ein paar alte Skier stehen lassen. Sie sind zwar kaputt gewesen, aber wenn sie repariert sind, werde ich die abgeben. Ski ist Ski, nicht wahr? Und ich sehe nicht ein – – Es ist ganz in der Ordnung, meine ich, wenn der Berliner seine Skier abgibt, der mit den Bergen an sich nichts zu tun hat. Aber wir hier im Süden – –«

Ja, er ist ein vollkommener Nationalsozialist: »Mein Nutz geht vor Dein Nutz!« Im Übrigen, er hat Pech gehabt. Die Wollsammlung ist verlängert worden, und er hat gehofft, solange verreist zu sein.

»Wirst Du Deinen pelzgefütterten Mantel abgeben?«

»Wo denkst Du hin? Aber ich werde schon etwas finden – –«

Er wird zweifellos etwas finden, etwas Gestopftes, vielfach Ausgebessertes. Hauptsache ist, dass auf seiner Quittung steht: »Ein Paar Socken abgeliefert« usf.

Wie sagte doch der tapfere Bischof, Graf Galen: »... an innerer Verrottung zugrunde gehen.« Wenn er dabei auch an etwas anderes dachte, so passen diese Worte doch haarscharf auch auf großmäulige Nazis, die Opferfreudigkeit als selbstverständlich nur *bei anderen* voraussetzen.

Eben war die bereits früher erwähnte Frau des Warschauer Sonderrichters da. Ihr Gatte hatte es nur zehn Wochen in Polen ausgehalten. Nicht etwa, so versicherte sie mir treuherzig, weil er täglich Todesurteile am laufenden Band hat vollstrecken lassen müssen, vielmehr weil die Ernährung, die Unterkunft und die Umgebung derart enttäuschend war und ringsum Seuchen, nicht wahr, Flecktyphus und nun die Erfrierungen. »Es ist eine Schande, dass nicht gesorgt wurde für unsere Soldaten. Im Oktober schon hätte man sorgen müssen. Warum musste Brauchitsch gehen? Wegen seinem Leichtsinn erfrieren nun Millionen Soldaten!«

Also. Brauchitsch[6] ist es, nicht Hitler. Wieder einmal fein gefingert, Joseph Goebbels.

11. 1. 42. Wenn man nun von allen Seiten Einzelheiten des Entsetzens im Osten erzählt bekommt, wenn man hört, wie Verwundeten-Züge ankommen, die Männer zerlumpt und in erbarmungswürdigem Zustand, wie ein Junge sich die Nase geschnäuzt und sie in den Fingern gehabt habe, abgebröckelt vor Frost, wie dem und jenem die Beine, die Hände amputiert werden mussten, dann möchte man weinen, weinen ohne Ende. Welche Katastrophe!

Jetzt sind in allen Gasthäusern die Wäschebestände aufgenommen worden. In den Lazaretten des Ostens liegen die Verwundeten auf Stroh, arme Teufel. Wie viele mögen unter ihnen sein, die unschuldig sind an dem ganzen Menschheitsjammer.

13.1.42. Meine Putzfrau, ein vom Arbeitsteufel besessenes Weib, das sich keine Zeit gönnt, über Dinge nachzudenken, das aber instinktiv Hitler nie gewählt hat und heute stolz ist darauf, erzählte mir folgenden Witz: »Meine Nachbarin hat einen Kuchen gebacken, so braun wie Hitler, so fett wie Göring, so knusprig wie Goebbels und – – so mürbe wie das Volk.«

16.1.42. Ich war heute in der Stadt. Ich suchte Briefpapier. Im fünften Geschäft endlich schien Erfolg zu winken, jedoch mit der Einschränkung, dass ich entweder fünf Briefbogen *oder* fünf Umschläge bekommen könne.

Die Frage nach Klosettpapier trug mir einen Blick ein, der besagte, »Leben Sie eigentlich auf dem Mond?«

17.1.42. Ein kleines Erlebnis in der vollgepfropften Straßenbahn: Eine Frau fragte einen Mann: »Habt ihr Nachricht von Wilhelm?« »Vor vier Wochen«, sagte der Mann und dann erhebt er jäh seine Stimme zum Schreien, wirft einen hasserfüllten Blick auf den danebenstehenden Hauptmann in pelzgefüttertem Mantel und von wohlgepflegtem Aussehen: »Heim will er, nichts als heim. Drei Jahre steht er draußen. Heim wollen sie alle!«

Kann dieser Hauptmann etwas dafür, dass die Soldaten nicht heim dürfen? Bestimmt nicht. Aber das Erlebnis zeigt, dass die Volkswut sich eines Tages vielleicht doch erhebt. Eine echte Volkswut, nicht die von dem tüchtigen Goebbels so oft organisierte, die ihm ermöglicht hat, seine eigenen Verbrechen an den Juden auf die Schultern des Volkes abzuwälzen.

2. 2. 42. Seit zwei Wochen bin ich ziemlich krank, aber seit der »Führer«-Rede am 30. Januar geht es mir besser. Die Brüllerei hat mir zu einem Schwitzbad verholfen. (»Wo man schwitzt, ist noch Hoffnung«, sagte ein berühmter Arzt. Da ich nicht zum Schwitzen zu bringen war, schien etwas »wenig« Hoffnung vorhanden. Aber die »Führer«-Rede hat's geschafft.)

Ich habe Lindley Frasers Kommentar zu Hitlers Rede gehört, ich habe auch Thomas Manns Botschaft gehört (über die 800 holländischen Juden, die zu Giftgas-Experimenten nach Deutschland gebracht worden seien). Was Lindley Fraser sagte, was Thomas Mann, was Richard Crossman oder Richardson sagen: all das ist in meiner Sprache gesprochen. Das verstehe ich unmittelbar; es ist das, was ich denke, was ich fühle, wie ich mich zur Welt einstelle. Aber was die meisten deutschen Menschen sagen, das macht mir physisch übel. Zuweilen kann ich es nicht ertragen, wirklich nicht! Das ist keine Phrase. Und dann ist alles so hoffnungslos. Und ich weiß, dass – auch wenn wir den Krieg verlieren – ich keine Heimat mehr hier haben werde. Alle Illusion ist weg.

Da schreibt ein junges Mädchen in unserer Stadt an Goebbels, dass hier noch so viele Frauen in Pelzmänteln herumlaufen, und verlangt, dass dagegen »eingeschritten« werde. Ferner: sie regt sich auf, dass manche Juden ihren »Stern« verstecken, den Arm davorlegen, und dass andere gar so unverschämt sind, ihn mit einer Geste des Stolzes zu tragen! Sie verlangt, dass kein Jude mehr in der Straßenbahn fahren darf! Für diese heldische Haltung wird sie in der Zeitung gefeiert.

Im Nachbarhaus lamentiert eine Tante, eine begeisterte Nationalsozialistin, wie übel ihr armer Neffe, ein SS-Soldat, an der Ostfront dran sei. Nichts zu essen usf. usf. Die Putzfrau, die auch bei mir arbeitet, sagte: »Herrschaft nochmal! Dann sollen sie doch Schluss machen! Entweder man ist SS-Soldat und begeistert und tut mit, oder man macht Schluss!« Betretenes

Schweigen. Da sagt die fünfzehnjährige Tochter des Hauses: »Schluss machen? Das kann der Führer nicht! Der Führer hat den Engländern so und so oft die Friedenshand hingestreckt! Man hat auch seinen Stolz! Jetzt sollen sie ausfressen, was sie sich eingebrockt haben!« Man achte darauf: »*sie* sollen ausfressen«, nicht »wir«! Der Durchschnittsdeutsche ist so sehr daran gewöhnt worden im Laufe der letzten Kriegsjahre, *andere* leiden zu machen, andere leiden zu wissen. Es ist ihm so selbstverständlich geworden, dass »andere« leiden, zu leiden haben, dass er noch gar nicht fassen kann, dass nun auch *wir* zu leiden beginnen.

Aber nicht das wollte ich eigentlich sagen, vielmehr: nachdem also die junge Tochter dieses gewaltige und abschließende Wort von der ausgestreckten Führerhand gesprochen hatte, mussten alle schweigen. Auch der Vater, und sogar insbesondere der Vater, der der eindeutigste Antinationalsozialist ist, den wir kennen. Ein sehr kluger Mensch und unwandelbar in seinen Wertungen. Dieser Mann (zwischen 50 und 60) darf also seiner vorlauten Tochter nicht sagen: »Schweig! Das verstehst Du nicht!« Denn er muss damit rechnen, dass diese naseweise Tochter hingeht und ihn in ihrer Jugendgruppe denunziert. Und die Putzfrau muss sich schleunigst korrigieren und sagen: »Ich habe gemeint: ›*alle*‹, alle sollen Schluss machen! Auch die Engländer und Russen!« Sie muss den Eindruck verwischen, als ob sie gemeint hätte, der deutsche Soldat soll entweder »Heil« schreien und leiden, ohne zu klagen, oder er soll das blöde »Heil«-Schreien und damit aber auch sein Soldatenhandwerk einstellen. Die arme Putzfrau hat nun Todesangst, das junge Mädchen könnte irgendwo etwas über sie äußern. Es ist schon so: von früh bis spät läuft der Deutsche mit schlechtem Gewissen herum.

18.2.42. Diese Aufzeichnungen wandern mit anderen bedenklichen Blättern hinter einen großen Holzstapel! Die Gestapo wütet! Wer weiß, wann sie bei uns Einlass begehrt. Lebt wohl, Kinder! Wir sind dankbar, von Cläre Nachricht (vom Januar) zu haben. Aber Du, lieber Sohn, bist wie verschollen!

5.3.42. Ludowikens Prüfung für das »künstlerische Lehramt« beginnt morgen mit einer Lehrprobe an einer dritten Klasse (ungefähr 13–14-jährige Mädchen). Weinend vor Zorn kam sie gestern heim. Als Lehrprobe hat sie das Lied einzuüben: »Kein schönerer Tod ist in der Welt / als wer vorm Feind erschlagen, / auf grüner Heid im freien Feld; / darf nicht hör'n groß Wehklagen: / im engen Bett nur Ein'r allein / muss an den Todesreihen, / *hier* kündet er Gesellschaft fein, / fall'n mit wie Kräuter im Maien.« / usf. Sie hat sich gewunden und gewehrt, hat gebeten, ihr doch ein anderes Lied auszusuchen. Es sei kein Lied für Mädchen, der Text sei zu altertümelnd, dass allein das Bewältigen des Textes zu viel Zeit in Anspruch nehmen werde. Und da ihr für die Lehrprobe nur zwanzig Minuten insgesamt zur Verfügung stehen usf. usf.

Zwecklos! Im Gegenteil! Der Prüfende verlangt noch von ihr, dass sie auch über den *Text* sprechen und den Kindern seine Herrlichkeit klar machen soll. Ludowike sagte: »Aber Herr G., der Text spricht ja für sich! Was soll ich da noch hinzufügen?«

»Ich erwarte, dass Sie darüber sprechen. ›Spricht für sich selbst‹, sagen Sie? Spricht er auch für Sie? Es gibt ja auch Pazifisten und so Leute aus der Friedensliga, die den Krieg als etwas Schlimmes, Unwürdiges brandmarken! Sie haben doch davon gehört? Oder nicht?«

»Fragen Sie Ihre Mutter – –«

30.3.42. Ein gutes Gewissen, welch ein Hochgefühl. Ich war beim Bäcker, um mir ein Brot zu holen. Ein junger französischer Zwangsarbeiter war vor mir da. Ich bedeutete der Bäckersfrau, dass ich noch nicht an der Reihe sei, bedient zu werden. »Ach der, der wartet schon seit einer halben Stunde, ob er nicht ein Brot bekommt. Aber ich kann unmöglich ohne Marken abgeben. Schließlich komme ich noch ins Kittchen.« Da schob ich ihr eine Brotmarke zu. »Geben Sie ihm was.« Die Bäckerin tat, als wolle sie das 1000 Gramm-Brot durchschneiden, sagte aber wie für sich: »Das sind zehn so Kerle. Bis jeder ein Stückchen hat, ist's wieder alle.« Da schob ich ihr eine weitere Brotmarke zu und sagte: »Geben Sie ihm rasch den ganzen Laib.« Strahlend und mit überlautem »Heil Hitler« zog der arme Kerl ab.

1.4.42. Ich bin schon wieder eine Brotmarke losgeworden. Mein Kohlenlieferant hat einige ausländische Arbeiter, arme magere, zerschlissene Burschen. Sie brachten den mir noch zustehenden Rest Kohlen. Ich schenkte ihnen eine Schachtel Zigaretten. »Nix Brotmarken?«, fragt einer und blickte mich begehrlich an. Ich hoffe, ich kann noch einen Laib entbehren, und man wird mich ja nicht ins KZ schaffen deshalb. Das hat sich nämlich gleich heutzutage.

9.4.42. In Diakonissen-Krankenhäusern mussten auf Befehl von oben die Christusbilder entfernt werden. Begründung: hygienische Maßnahme. Da dachten die Schwestern: wenn ein an der Wand hängender Christus »unhygienisch« wirkt, dann doch wohl ebenso der an der Wand gegenüber hängende Hitler, und hängten den mit ab. Aber o weh. Ich weiß nicht, was mit diesen Schwestern passiert wäre, wenn man sie jetzt im Krieg nicht so dringend brauchen würde. Auf jeden Fall mussten sie aus »hygienischen« Gründen Hitler schleunigst wieder aufhängen. Wie sollten Kranke auch genesen können, wenn ihnen der Anblick des neuen deutschen Gottes entzogen würde.

14.4.42. Die Zeitung brachte eine lange Liste zum Tode und zum Zuchthaus Verurteilter. Grund: Tauschhandel, Schleichhandel, Schwarzschlachten, Hamstern, ausländische Sender hören. Was ist zu tun? 25 Eier locken uns in einem kleinen Dorf, 30 km von hier. Wir beschlossen, die Eier zu holen, und zwar wollten wir die Reise mit dem Fahrrad unternehmen. »Man müsste vielleicht aussehen wie ein Arbeiter, der zur Arbeit fährt oder von der Arbeit kommt.« Wir maskierten uns. »Ausgezeichnet«, sagte ich, meinen Mann betrachtend, »wenn Du nun noch Deinen Kopf abschraubst und einen anderen auf dem Hals trägst, dann kann Dir keiner.«

Es war uns aber ganz und gar nicht wohl auf der Fahrt. Und die dreißig Eier haben erheblichen Schweiß gekostet. Durch Städte und Dörfer fuhren wir getrennt, damit wenigstens nur der eine Teil von uns ins Zuchthaus käme. Immerhin: die Eier liegen nun für noch hungrigere Zeiten konserviert im Keller.

22.4.42. Die Menschen in Deutschland beginnen allmählich, ihren Zorn zu äußern. Ein Straßenbahnschaffner genierte sich gestern keineswegs, mir gegenüber laut über das »Fressen« zu schelten. »Früher haben die Wissenschaftler und Doktoren eben nichts verstanden«, sagte er! Früher habe man gemeint, wer arbeite, brauche auch zu essen! Heute sei man dahintergekommen, dass die Menschen arbeiten, die Schweine Fett ansetzen, die Hühner Eier legen, die Gäule Lasten ziehen können, ohne dass man sie füttere, und dass die Maschinen weiterlaufen können, ohne dass man sie schmiere. Wie dumm sei man doch früher gewesen!

Ein Arbeiter sagte gestern in einem Kaufladen: es sei nun bald so weit, dass man die Arbeiter mit Maschinengewehren in die Betriebe treiben müsse. So ein Leben lassen sie sich nimmer lange gefallen. Der Kaufmann erinnerte den Schimpfenden an die heldenhaften Leiden der Soldaten an der Front, worauf der Mann antwortete: »Die Soldaten, die sollen Schluss machen, wenn sie ihre Heimat lieb haben. Schluss sollen die Blödiane machen!« Das ist die Stimmung im Land. Dabei aber erlässt unser Goebbels Verordnungen über die Heiterkeit. Humor und Heiterkeit ist Befehl. Ich blätterte gestern das Programm des Rundfunks durch: »Warum Kartoffel in der Schale?« »Wie koche ich ohne Fett?« »Aus Altem wird Neues«. »Kein Gummiband und kein Schnürsenkel mehr; wie hilft man sich?« »Wie steuert die Hausfrau der Papierknappheit?« »Wie teile ich meine Fleischrationen ein?« usf. usf. Dazu hat Goebbels angeordnet, dass alle diese und andere Themen in einer »humorvoll spritzigen Art« darzubieten seien.

22.4.42. Ein Arbeiter, der in den Mauserwerken arbeitet, hat vor einigen Tagen gesagt: »Nun holt man die Kirchenglocken. Von da ab ist es im letzten Krieg auch abwärts gegangen.« Daraufhin wurde er verhaftet und dem Sondergericht zugeführt. Dieses hat nach den neuesten, an die Gerichte ergangenen Weisungen den Mann zurückgeschickt und geschrieben, er sei sofort wieder an seinen Schraubstock zu stellen, das sei *kriegswichtig*. Seinen Kopf könne man ihm noch nach dem Kriege abnehmen.

Sonntag, 26.4.42. Der »Reichstag« macht Hitler zum unumschränkten Herrn über Leben und Tod jedes Deutschen, unabhängig von allen bestehenden Gesetzen. Also: vogelfrei! Das ist alles, was zu unseres »Führers« heutiger Rede zu sagen ist. Welche Schmach wird uns Deutschen angetan! Das Entsetzen über die Hitlerrede führte den Nachbar K. und einen Kollegen zu uns. Vielleicht haben wir nicht mal so viel Grund, unglücklich darüber zu sein. Könnten wir diese Rede nicht vielmehr als ein Zeichen dafür ansehen, dass unseren Peinigern das Wasser bis zur Kehle reicht?

2.5.42. Mein Nachbar Apotheker, beträchtlicher Parteifunktionär, erzählte mir soeben: Erstens: das im Juni vorigen Jahres ausgestreute Gerücht, wonach Russland bereit sei, uns die Ukraine abzutreten und uns »friedlich« zum Persischen Golf durchmarschieren zu lassen, sei Propaganda, von Goebbels erfundene Propaganda gewesen. Um das Ausland zu täuschen! Das gebe man jetzt lachend zu.

Das Ausland? Ich fürchte: man wollte das Inland täuschen, denn man wollte vor dem deutschen Volk den *wahren* Grund für den Aufmarsch im Osten verschleiern.

Zweitens: die Rede Hitlers am 3. Oktober vorigen Jahres, in der er gesagt hat: »Ich spreche das erst heute aus, weil ich es heute aussprechen kann – Der Feind ist vernichtet und wird sich nie mehr erheben«, sei ebenfalls »aufgelegter Propagandaschwindel« gewesen, beziehungsweise kluge, kluge, berechnete Politik! »Wissen Sie, warum? Das war auf die Japaner berechnet. Man wollte diese ›sehr vorsichtigen Herren‹ zum Kriegseintritt veranlassen!«

Wie lange wird es noch dauern, bis wir unseren Gott von seinem Sockel stoßen?

5. *Mai* 42. Heute Nacht also hatten wir englischen Luftbesuch! Aber es war nur eine »Stippvisite«. Ich habe nun den ganzen Tag »gewühlt«. Nun habe ich das heillose Gefühl, einen kostbaren Tag vergeudet zu haben. Zwar *hoffe* ich, dass all die Vorsichtsmaßnahmen, die ich heute getroffen habe, all das Packen und Ordnen und in den Keller schleppen *unnötig* sein

mögen, und dass hoffentlich nicht gerade unser kleines Haus in der Waldrandsiedlung getroffen werde. Das Menschenleben hängt heute an einem Fädchen. Auch das Meine. Es scheint wieder eine klare Nacht zu werden. Unsere Stadt wird bei Luftgefahr eingenebelt. Deshalb wird der Erfolg eines Angriffs hier bescheiden sein. Deshalb sind auch wir am Stadtrand viel gefährdeter. Im Wald neben uns, der zwischen unserem Haus und der Stadt liegt, haben Soldaten 130 Brandbomben gefunden. Sie sollten wohl auf die Häuser unserer Stadt regnen und diese illuminieren.

11.5.42. Das tägliche Leben verschlingt alle Zeit und Kraft, und es ist mir in der Regel unmöglich, das, was ich in diesem Heft beschreibe, oder was ich für meine fernen Kinder notieren möchte, festzuhalten.

Eine kleine Abbitte; ich war sehr ungehalten über euch Engländer, und ich sagte zu Mann und Tochter: »Wenn die RAF weiterhin so blödes Zeug macht, wird der Krieg noch Jahrzehnte dauern.« Damit meinte ich das bombardierte Dörflein am Rande des Schwarzwalds. Wie kann man von England herüberfliegen und eine Bombenlast auf ein paar Baumstämme werfen, statt etwa große Fabriken umzulegen? Nun aber erfuhr ich heute, dass in besagtem Mötzingen große Munitionslager seien (im Wald versteckt), und dass dieser Tage tatsächlich ein Teil davon zerstört wurde. Den »blöden Hinweis«, mit dem ich den betreffenden Flieger bedachte, nehme ich reumütig und vergnügt über seinen Erfolg zurück.

Churchill hat gesprochen. In unserer heutigen Zeitung noch *kein* Wort darüber. Man muss sich wohl besinnen, wie man die Rede frisieren will, besonders die Stelle, da Churchill von der deutschen Absicht, den Gaskrieg zu starten, sprach. Man wird uns sagen, Churchill habe den Gaskrieg angedroht. Eine Welle des Hasses wird aufgepeitscht werden. Man wird weiter sagen: »Gut – ihr Engländer sollt den Gaskrieg haben.« Welche Schrecken stehen uns und der übrigen Welt noch bevor!

16.5.42. Nein, ihr Engländer wisst nicht, wie das ist: leben und doch nicht leben. Ihr habt zwar Schweres durchstehen müssen, damals, als Hitler versuchte, eure Städte »auszuradieren«. Aber ihr habt euch doch untereinander verständigen können, ihr habet gewusst, wofür ihr leidet, ihr habet die Möglichkeit gehabt, dem Ungeheuerlichen Trotz zu bieten, ihr hattet *einen* gemeinsamen Feind. Ihr habt dabei die Beziehung zur Kunst und allem Schönen und Erhabenen und Göttlichen nicht verloren, ihr habt *gelebt*, wenn auch unter Leiden und schrecklichen Ängsten. Aber wir? Ach, es ist alles so sinnlos! Mit niemandem kann ich sprechen, es sei denn mit Mann und Tochter. Niemandem kann man völlig trauen. Die Kraft wird aufgesaugt durch das, was man tun muss, um dieses jämmerliche Leben weiter zu fristen. Ins Theater kann man nicht gehen, mag man nicht gehen. Es sind meist Stücke, die die ungeheuerlichste Irrlehre verherrlichen. Und wäre auch einmal etwas anderes auf dem Spielplan, so kann man nicht hingehen, weil man allzu traurig wird; denn das, was gespielt wird, hat erst recht keinen Bezug mehr zur Gegenwart.

Dabei predigt ihr Engländer uns dauernd, wir sollen uns dieser Gauner entledigen. Richard Crossman heute wieder. Wir sollen uns die Norweger als Beispiel nehmen. Ach ja! Ich bin ja dankbar, dass die Norweger so wacker sind. Aber sie haben den Vorteil, sich in einer Sprache verständigen zu können, die die deutschen Eindringlinge nicht verstehen. Außerdem: sie sind Norweger und nicht Deutsche. Die Deutschen haben eine fast abergläubische Angst, *so* über ihr »Vaterland« zu sprechen, wie sie heute eigentlich darüber sprechen müssten. Selbst Nazihasser meinen vielfach, sie müssten noch irgendetwas zur Ehre deutschen Wesens vorbringen. Vermutlich, weil sie nichts Eigenes haben, das ihnen vor ihnen selbst Wert und Bedeutung verleihen könnte. Was für eine Tragik, nichts zu sein für sich selbst, sondern zu einer Art von innerem Wertgefühl nur als »Volk« zu kommen! Ihr Engländer meint, wir sollten Hitler abmurksen? Vielleicht wäre das das Falscheste, was wir tun könnten. Der Leidenskelch muss bis zur Neige getrunken werden. Würde man unseren »Gott« heute umbringen, so würden die blöden Deutschen klagen: »Hätte man ihn leben lassen, *er* hätte uns herrlich aus aller Not hinausgeführt.«

Der Nationalismus würde rasch wieder ins Kraut schießen. Eine eindeutige militärische Niederlage mit allem Zubehör ist notwendig. Dann vielleicht – dann revidiert das deutsche Volk endlich einmal seine Stellung zum Krieg.

17.5.42. Als »Unterschied« zwischen dem deutschen Volk und den Völkern der besetzten Länder ist noch zu berücksichtigen: Die besetzten Länder *wissen*, dass ihnen die deutsche Niederlage Freiheit und all das Glück zurückbringen wird, das nun unter dem deutschen Kommissstiefel zerquetscht liegt. Und dass sie keine *Rache der Sieger* zu befürchten haben. In Deutschland liegt der Fall anders: Sogar waschechte Nazihasser glauben, sich vor der Rache der Sieger fürchten zu müssen. *Wie* etwa will man einer Blutdürstigen, mit vollem Recht nach Rache dürstenden Soldateska beweisen, dass man selbst die deutschen Herren und die Gräuel, die sie verübt haben, ebenso verabscheut, gehasst und darunter gelitten hat, wie sie? Gerechte werden mit Ungerechten bestraft werden. Alles »Deutsche« wird für das, was Deutsche der Welt angetan haben, bezahlen müssen.

Wirtschaftler fürchten die wirtschaftlichen Folgen eines verlorenen Krieges, selbst wenn sie persönlich *gegen* alles sind, was »Nazi« heißt. Sie sind daher in ihrem aktiven Widerstand –

soweit ein solcher unter den Fangarmen der Gestapo überhaupt denkbar wäre – gehemmt. Zwiespalt ist in ihnen.

Andere wieder sind in einer Art religiösen Wahnsinns unehrlich – oder weil sie aus irgendeinem Grund oder auch aus gar keinem Grund von Begeisterung für den Nationalsozialismus ergriffen waren. – Sie wagen nicht, ihren Irrtum einzugestehen.

Dazu kommt noch die Unmöglichkeit, sich mit anderen, vielleicht Gleichgesinnten beraten zu können, oder Denkfaule durch eine Debatte aufzurütteln.

Ich habe gestern behauptet, die Engländer hätten selbst in den dunkelsten Tagen ihrer schweren Prüfungszeit glücklicher gelebt, als etwa ich hier in meinem bis jetzt so unversehrt gebliebenen Häuslein am Waldrand. Ich lebe nicht nur am Rand des Waldes, ich lebe am äußersten Rand des Erdballs; wie leicht kann ich das Gleichgewicht verlieren und in die Unendlichkeit hinausstürzen! Ich und meinesgleichen haben keinen Grund mehr unter uns, um Wurzel schlagen zu können. »Entwurzelt«, dieses Wort auf Menschen angewandt, verstehe ich jetzt. Ich kann all das nicht recht ausdrücken. Auf jeden Fall: Wer von uns Anti-Nazis seinen Verstand nicht verlieren will, braucht schon allein dafür viel Kraft.

24. 5. 42. Tägliches Gebet der Kleinen im Kindergarten.

»Händchen falten,
Köpfchen senken,
immer an den Führer denken,
der uns schenkt das tägliche Brot
und uns hilft aus aller Not«.

27. 5. 42. Man ist dem lieben Gott bei uns in Deutschland bitterböse. Er lässt die Sonne scheinen, wenn wir sie nicht brau-

chen können, statt Regen gibt er Hagel, statt Wärme Wind, und im Mai lässt er schneien. Und das alles in Deutschland, dem Land des »auserwählten Volkes«. Dem Land, das in einen Krieg verwickelt ist, der längst kein Spaziergang in andere Länder mehr ist! Hat »Er« denn gar keinen Verstand? Nein, man kann den lieben Gott ganz und gar nicht verstehen. Die Deutschen schmollen mit ihm – nicht, weil es von Partei wegen augenblicklich so befohlen wäre – sondern weil sie für sich persönlich ihm nicht verzeihen können, dass er so gar kein Verständnis für die deutschen Nöte aufbringt. Für die deutsche Nahrungsnot, für die Abhängigkeit alles Wachstums vom Wetter. *Das* Gespräch unter Deutschen ist das »Ess-Gespräch«. »Ess-Psychose« schilt man es böse im Nazi-Blätterwald. »Haben Sie auf Ihrer Wanderung was Ordentliches zu essen bekommen?« »Wo?« »Kann man da wohl auch mal hingehen?« »Kann man sich auf Sie berufen?« »Wie viel Marken hat man Ihnen abgenommen?« »Wird es wohl noch schlimmer werden?« »Noch knapper?« »Ein halber Meter Schinkenwurst wäre ihm wohl lieber gewesen!« (Wem? Dem Ritterkreuz-geschmückten Arbeiter Hahn in Berlin) Usf. usf. Wo man geht und steht: Gespräche über das Essen! Und das bei dem Volke der »Dichter und Denker«! Nun ja – »das Volk der Dichter und Denker« »dichtet« und »denkt ja zurzeit nur in blutiger Sprache«.

Unser Haus ist allmählich eine richtige »Tankstelle« geworden. Von überall strömen Bekannte und Bekannte von Bekannten herbei, um bei uns vom Radio London Mut, Zuversicht und Wahrheit zu tanken. Das Offenhalten dieser »Tankstelle« für alle, die guten Willens sind, ist unser augenblicklicher bescheidener Beitrag zum Sieg der gerechten Sache.

3. 6. 42. Ich fühle es in dieser Minute: mein Weiterleben hätte jeden Sinn verloren, wenn mein Junge nicht mehr zu mir zurückkehrte. Meine älteren Kinder haben sich doch schon mehr von mir gelöst. Sie können allein ihre Straße gehen. Aber Martin? Ich habe das Gefühl, dass ich ihm noch lange nicht gegeben habe, was er an Liebe fürs Leben braucht. Ich bin heute so tief traurig. Andere haben Nachrichten von den Ihren in Kanada, nicht aber ich. Eigentlich gehört ja diese private Traurigkeit nicht in diesen Blättern aufgezeichnet. Ich möchte noch so lange leben, bis ich gewiss weiß, ob mein Junge wiederkehren wird. Und wenn er wiederkehrt, will ich noch länger leben, ihm zur Hilfe und vielen Menschen – zur Stütze.

6. 6. 42. Die Zeitungen sind sehr kleinlaut geworden. Sie sind angefüllt mit Todesurteilen, mit Ermahnungen und Vorschriften, was man zu tun und zu lassen habe bei einem Luftangriff. Was für eine Angst beherrscht mit einem Mal alle diese Großsprecher. Seit einigen Tagen steigt allabendlich über der Fabrik im Tal ein Fesselballon auf. Komisch, die deutsche Abwehr. Warum schützen sie nicht unsere herrliche Kirche oder die großen modernen Krankenhäuser durch diesen Fesselballon? Oder den wunderschönen Friedhof? Wo wir doch jeden Tag in der Zeitung lesen, dass die sadistischen Engländer nur Kirchen, Krankenhäuser, Schulen und Friedhöfe angreifen.

8. 6. 42. Ich wollte bei einer Gärtnersfrau Himbeeren kaufen. »Verkaufen! Ich will nichts mehr verkaufen. Was tue ich auch mit dem Geld?« Wir einigten uns schließlich als Tauschobjekt auf eine Unterhose für ihren Mann. Ich hoffe, das diskrete Kleidungsstück als Endergebnis einer Kette von Tauschgeschäften schließlich beschaffen zu können.

11. 6. 42. Heute früh hörte ich in der Londoner Frauensendung die Nachricht von dem zerstörten tschechischen Dorf Lidice, den erschossenen Männern, den ins KZ verbrachten und ihrer

Kinder beraubten Frauen. Ich musste laut hinausschreien vor Zorn und Scham. Was wird diesen Bestien noch einfallen. Wie lange werden sie ihr fürchterliches Handwerk noch treiben dürfen.

13. 6. 42. Ich habe eine besorgniserregende Entdeckung gemacht: keine vier Kilometer Luftlinie von unserer Siedlung in Richtung die Fabrik im Tal ist eine ganze Flak-Stadt aufgebaut. Da können wir hier sehr wohl »Abfall« bekommen von euren schweren Brocken, ihr Engländer. Ich würde lieber nicht umkommen durch englischen Bombenwurf. Aber *wenn* ich umkommen sollte, so sollen meine Kinder England darob nicht gram sein. Ich weiß: *Absicht* ist es nicht, unsere harmlose Siedlung zu treffen. Aber auf die Flak drüben müssen die Engländer zielen und wenn da was für uns abfällt – in Gottesnamen!

21. 6. 42. Etwas sehr Nettes: ein Nachbar, Genießer, junger Ehemann, gehätschelt und verwöhnt, wurde vor zwei Monaten auch eingezogen. Nun ist er am Kanal und vorgestern schrieb er an seine Frau, er sei als Vorposten auf eine Insel gekommen. Wörtlich: »Wenn ich Glück habe, so bekommt ihr bald einen Gruß aus Kanada von mir.«

Ha, ha! Besagter Herr war immer ein mächtiger Held, solange er wohlbehütet in der Heimat war. Er spuckte immer große Töne über unsere vergangenen, gegenwärtigen und zukünftigen Siege. Ich unterließ nie, ihn über die gute Behandlung und die ausgezeichnete Verpflegung, die unser Junge in Kanada erhält, auf dem Laufenden zu halten. Zwar bezweifelte er die Wahrhaftigkeit von Martins Briefen. Diese Briefe seien unter Zwang geschrieben, behauptete er. Aber nun ei der Daus, nun lockt ihn Kanada doch mehr als der Heldentod.

Ein Bekannter machte den Vorschlag: Nach dem verlorenen Krieg sind an allen Straßenecken Lautsprecher aufzustellen, die unentwegt die Reden des »Führers« wiederholen, damit das deutsche Volk vielleicht doch entdecke, wem es all die Niederlage und die Schande verdankt.

Es gibt vier Kategorien Deutscher: 1. leidenschaftlich Ablehnende, 2. Ablehnende (die aber ihre Ablehnung aufsparen wollen bis nach dem deutschen Sieg), 3. Gleichgültige und Egoisten und 4. Hundertprozentige Bejaher. Zu den Gleichgültigen rechne ich auch die Art von Frommen, die in dem grausigen Weltgeschehen einen höheren Sinn suchen und damit alles Schandbare sozusagen rechtfertigen. Auch ich sehe einen höheren Sinn darin. Aber es ist ein Unterschied zwischen ihnen und mir. Sie erwarten alles von Gott. Ihre gottgläubige Trägheit geht so weit, dass sie nicht einmal das Bedürfnis haben, sich etwa durch den englischen Sender umfassender zu unterrichten. Kaum, dass sie einen Blick in die Zeitungen werfen. Sie stellen sich völlig außerhalb des grausigen Geschehens, sie fühlen sich überlegen und weise mir gegenüber, die vor Abscheu, Hass und Scham vergeht. Sie glauben an den »Sinn«, an eine göttliche Regelung dieses »Un-«Sinns und fühlen sich, geistig hochmütig, viel besser als jene, die Aktivität fordern, soweit die enge Gestapo-Umzäunung es überhaupt ermöglicht. Überlegen belächeln sie, dass andere unter dem Nichthandelnkönnen leiden. Eine Verwandte gehört zu diesen. Ich sagte zu ihr: »Wenn nun aber kein Roosevelt und kein Churchill leben würde augenblicklich?« »Aber sie leben halt«, antwortet sie triumphierend und deutet dies als göttliche Fügung, die sie selbst von aller Verantwortung zum Handeln befreit. »Wenn aber alle Menschen sich mit dem bloßen *Glauben* an das Gute genügen ließen?«

»Es begnügen sich eben nicht alle damit und außerdem: auch der bloße Glaube an das Gute würde es mit der Zeit schaffen.«

So was kann mich rasend machen, und ich muss an mich halten, diesen Menschen nicht mit scharfen Worten zu antworten. Auf jeden Fall, es ist ein Elend selbst mit den sogenannten »Guten« im Lande.

23.6.42. Wir wollen das Datum festhalten. Mein Nachbar (der, der das Gras wachsen hört und tausend Ohren hat) hat mir erzählt: »Ich habe mit meinem Neffen, dem Panzerhauptmann, gesprochen. Er hat einige Tage Urlaub, muss aber am 30. Juni wieder bei seiner Truppe sein, denn dann – –«

»Was dann?«

»Dann wird oben am Ilmensee der Durchbruch durch die russischen Linien gemacht und zwar mit allen Mitteln.«

???

»Mit Gas natürlich. Aber es ist kein Giftgas, nein, nein. Stapel solcher Granaten lagern dort. Man hat die Absicht, das Wolgatal entlang vorzustoßen bis ans Kaspische Meer. Das muss natürlich Schlag auf Schlag gehen. Man wird in einigen Wochen viel erleben können.«

»Ja – – werden die Russen, die Engländer, die Amerikaner nicht mit Gas antworten?«

»Es ist ja eigentlich kein Giftgas. Man nennt die entsprechende Formation ›Vernebelungstruppen‹ – Aber, ich bin davon überzeugt: es wird der Beginn des Gaskriegs sein.«

»Haben Sie auch gehört, dass alles Obst und Gemüse, das im Umkreis der Fabrik im Tal angebaut wird, erkrankt und stirbt?«

»Eine Tatsache, leider. Es kommt von der nächtlichen Einnebelung der Fabrik.«

»Also doch giftiges Gas?«

»Etwas giftig, zweifellos.«

29.6.42. Nichts bringt den Deutschen so sehr aus dem Gleichgewicht wie schmale Rationen. Die Judenmassaker, die Misshandlung und Aufopferung der Polen, der Russen, das Vorhandensein von Konzentrationslagern, die Entziehung aller persönlichen Freiheit: all das hat ihn zunächst nicht sehr erschüttert, solange nämlich nicht, als er die Auffassung haben konnte, dass diese Schandtaten den Lebensstandard des deutschen Volkes *heben* würden. Aber nun, nun, wo alle diese Schändlichkeiten »umsonst« verübt worden sind, wo das Essen doch nicht reicher und besser geworden ist, nun beginnt er aufzuwachen. Vom Aufwachen zur Scham ist es vielleicht kein weiter Weg und von der Scham zum zornigen Protest auch nicht.

3.7.42. Es gibt in Deutschland Menschen, die vorgeben, noch nie etwas von den Judenmassakern, von Judenverfolgungen überhaupt gehört zu haben. Man fasst sich an den Kopf.

Ein Oberleutnant hält vor zehn- bis zwölfjährigen Pimpfen einen Vortrag. Stolz gebläht erzählt er den Kindern, wie sie eine eingeschlossene russische Division vollkommen »vernichtet« haben. Nur 65 hätten sie am Leben gelassen, damit sie Sklaven haben, die ihnen das Holz spalten und tragen.

Fort möchte ich, weg von diesem Vaterland.

4.7.42. Wieder eine Nacht vorbei. Ich wage nicht, den Radio anzuschalten. Was wird er zu melden haben? Es ist ein Zustand wie seinerzeit, als man von Stunde zu Stunde zitterte, ob der Straßburger Sender nicht schon verstummt sei, später der Pariser und im Herbst und Winter 1940 Radio London. Radio London hat den Sturm überdauert. Werden Engländer und Amerikaner auch jetzt durchhalten können? Wird Alexandrien, Ägypten und womöglich der ganze Nahe Osten den Deutschen in die Hände fallen? Wird sich das Grausige, die Massakers an Juden und anderen armen Teufeln wiederholen? Man mag den Tag nicht beginnen.

Schlagzeilen in Zeitungen:

»Frontgeist im Bombenhagel«,
»Rundfunkverbrecher mit dem Tode bestraft«,
»In Zukunft braucht kein Deutscher mehr auszuwandern«,
»Der Vergeltungsschlag« (gegen Canterbury).

16.7.42. *Straßenbahngespräche:* Eine in Deutschland zur Arbeit weilende Französin unterhält sich mit einem blonden Deutschen, Parteiabzeichen, Kartoffelnase, Riesengebiss, Arschbackengesicht, semmelblond. Sie sprechen französisch. Ich lausche und verstehe folgende Fetzen: »*Les Anglais font toujours de* – –« (eine Geste deutet an, was die Engländer machen, nämlich: sie hetzen das französische Volk immer wieder auf gegen die wohlmeinenden Deutschen). Der Deutsche sagte: »*Maintenant il faut travailler pour l'Europe.*«[7] Die Französin scheint dies mit Einschränkung zu bestätigen. Sie sagt, sie sei für Laval[8], für die collaboration. Daladier[9] habe Frankreich ins Unglück gestürzt, obwohl die französischen Soldaten sehr tapfer seien, was der Deutsche eifrig bestätigte, indem er sagte, er habe »*les braves soldats français*« im letzten Krieg am *chemin des dames* kennen gelernt. Auch Pétain[10] erhielt einiges Lob. Im großen Ganzen aber war es von Seiten der Nazi eine abscheuliche Poussage – »abscheulich« deshalb, weil von ihm doch als selbstverständlich vorausgesetzt werden sollte, dass ihn nur ein deutsches Gretchen reizen sollte – O Welt!

Eine schwarz gekleidete junge Frau spricht mit anderen Frauen: »Ich bin froh, dass ich nur *ein* Kind habe –«

»Ist Ihr Mann gefallen?«

»Ja. Und meine beiden Schwäger, und mein Bruder hat keine Beine mehr und statt Händen nur noch Stummel –.«

»Woher sind Sie?«

»Aus Rheydt bei Dortmund. Evakuiert. Meine Wohnung ist weggeblasen. Ich kann's Ihnen sagen: Sie hier wissen ja überhaupt noch nicht, was Krieg ist.«

Aus einem Feldpostbrief. Der Schreiber liegt schwer verwundet in einem Lazarett.

»Warum bekomme ich nie, nie einen Brief von Dir? Ach, was für Qualen! Vielleicht wäre alles besser, wenn ich einen Brief von Dir bekäme! Durst habe ich, Höllendurst! Aber man gibt mir nachts überhaupt nichts zu trinken! Die Kameraden sparen sich tagsüber ihre Getränke ab, um es mir nachts zu geben. Schwestern, Krankenwärter, Ärzte – kein Mensch kümmert sich bei Nacht um einen. Und keine einzige Nachricht von Dir –«

Nein, der Arme hat keine einzige Nachricht von seinem jungen Weib erhalten, bis er schließlich starb. Warum wohl hat er nichts erhalten, obwohl sie alle paar Tage Briefe voller Liebe und Verzweiflung schrieb?

23.7.42. Was für eine Lüge! Wenn ich vom Radio London auf einen deutschen Sender umschalte, so erklingt von dort zuweilen Beethoven oder Mozart oder der heitere Haydn, oder man hört ein Lied von Hugo Wolf oder Schumann oder Brahms. Dann werde ich verwirrt, ganz verwirrt, und ich schlage mich an die Stirne, um mich zu erwecken aus dem grässlichsten aller Träume!

27.7.42. Patienten über 60 Jahre bekommen in Krankenhäusern keine Medikamente mehr. »Der Mohr hat seine Schuldigkeit getan, der Mohr kann gehen!« Abscheuliche Welt, die deutsche!

Großangriff auf Hamburg! Ich bin in schwerer, schwerer Sorge: Ludowike wollte gestern Nacht um 10.45 Uhr in Hamburg wegfahren und heute Nachmittag hier sein. Sie ist nicht gekommen. Vielleicht hat sie ihre Abreise um einen Tag verschoben. Was dann? Dann wird sie in absehbarer Zeit überhaupt nicht mehr reisen können.

14. 8. 42. Die Zeitungen sind voller Lob für die Tapferkeit der Bewohner der Bombenstädte am Rhein. Welche Stadt wird am nächsten dran sein? Die unsere? Nun ja: für Särge ist Vorsorge getroffen! Eine Freundin hat mich gestern besucht. Sie erzählte: »Mein Schwiegervater wollte sich bei seinem Schreiner ein *Bücherregal* bestellen. Der Schreiner sagte: ›Keinen Span kann ich augenblicklich für etwas anderes verwenden, etwas weniger Notwendiges!‹ Warum? fragte ich ihn. Was machen Sie denn so Dringendes? Wiegen für die vielen Kriegskinder?«

»Särge, mein Freund, Särge! Ich muss 800 Särge herstellen! Unser Oberbürgermeister sorgt weise vor!«

»Aber wieso?«

»Wieso? Es hat sich nämlich herausgestellt, dass in den bombardierten Städten viel zu wenig Särge vorhanden waren! Unsere Stadt wird auch auf dem Programm der Engländer stehen!«

Sollte ich das glauben? Ich befragte mich bei meinem Nachbar Apotheker, der sein Ohr direkt am »Zeitgeschehen« hat, der alles weiß, besser gesagt: der alles so weiß, wie die Partei es wissen lassen will, der aber natürlich auch alles weiß, was an *Organisatorischem* innerhalb der Partei vor sich geht. Und da geht bezüglich der »Särge« Folgendes vor: Alle größeren Schreinereien müssen zurzeit mit Hochdruck Särge herstellen. Jede dieser Schreinereien hat bis zu tausend oder mehr solcher hölzerner Behausungen auf Lager zu haben! Was aber, wenn die Särge mitsamt den Menschen zerbombt werden?

20. 8. 42. Ich habe die Reichsadoptions-Stelle aufgesucht. Natürlich »erfuhr« ich vor allem (was ich ja längst wusste), dass heute die »Rasse« sowohl bei dem zu adoptierenden Kind, als auch bei den Adoptionseltern die größte Rolle spielte. Und die einwandfreie politische Einstellung! Das Letztere kann man zwar bei dem Säugling noch nicht »einwandfrei« feststellen, aber den Adoptionseltern kann man ein Dutzend Schnüffler auf den Hals jagen!

26. 9. 42. Ich fuhr mit zwei Urlaubern im Zug: einer kam aus dem Westen, der andere vom Osten. Der vom Westen berichtete von dem Hass der Bevölkerung, der vom Osten erzählte von den Massenerschießungen der Juden, und erschrocken über seinen eigenen Mut und seine Unvorsichtigkeit, versuchte er, das Vorgehen als Notwehr erklärend zu rechtfertigen. Beide aber waren sich über eines klar: Sollte die englische Invasion gelingen und die Russen infolgedessen entlastet werden, so würde weder ein deutscher Soldat aus dem Osten, noch einer aus dem Westen lebendig heimkommen! Und beide – so entsetzlich ihnen der Gedanke war – ließen durchblicken, dass man weder den Russen, noch den Feinden im Westen einen Blutrausch würde verübeln können, nach alldem, was wir dort getan haben! Aber beide waren sich darüber klar: Aus diesem Grunde – und nur aus diesem Grunde müssen wir eben kämpfen bis zum Äußersten.

27. 9. 42. Das deutsche Volk ist ein armer Hund, den sein sadistischer Herr an eine knappe Kette legt, ihm einen engmaschigen Maulkorb umschnallt und ihn dann züchtigt und peitscht. Nie kann das Tier schnappen nach seinem Feind! Es kann nur aufheulen. Und damit ist die ärmste Kreatur noch besser daran als das deutsche Volk. Darf das aufheulen? Und durch seinen Jammer das Mitleid anderer wachrufen? Nur *jubeln* darf es! Muss es! Und wenn ihm gleich das Blut aus tausend Wunden rinnt, der Hunger durch unverhüllte Gerippe scheint, und es – grauenvoll anzusehen – als lebendiger Leichnam über den Erdball geistert! Jubeln muss es; seine Peiniger anbeten! Ihnen jauchzend danken dafür, dass sie es zu einem Volk von Verbrechern, zum Abschaum der Menschheit gemacht haben!

29.9.42. Trostlos! Ich traf bei Bekannten mit einem Priester der Christengemeinschaft (Anthroposophen) zusammen. Er hat Amt und Brot verloren, die Nazis haben seine Kirche aufgelöst, das Vermögen kassiert, die Schule geschlossen, die Häuser mit SS oder etwas ähnlich Edlem belegt. Aber der Mann und »Priester«? Er wünscht den deutschen Sieg! Er wünscht den deutschen Sieg, obwohl er schmerzlich empfindet, was im Namen Deutschlands geschehen ist und täglich geschieht! Er weiß, was wir für Blutbäder mit den Juden angerichtet haben, was wir in Polen, in Russland, in der Tschechei usw. getan haben. Und doch wünscht er den deutschen Sieg. Warum? fragte ich ihn. Weil die Anglo-Amerikaner im Falle ihres Sieges das deutsche Volk vernichten würden! Verhungern, umkommen lassen!

»So? Da will ich Ihnen sagen, Herr Priester: Tausendmal lieber will ich verhungern, will auf irgendeine elende Weise umkommen, als dass dieser Schrecken aller Schrecken siege!«

Der »Priester« zuckte mitleidig und hoheitsvoll die Schultern. »Herr, vergib ihr, denn das Weib weiß nicht, was es spricht!« So sprach sein Gesicht. Vielleicht geht er hin und zeigt mich an! Nun wohl!

13.10.42. An der Straßenbahnhaltestelle treffe ich mit einer Frau, einer Sechzigerin, zusammen. Sie sagt: »Ich habe einen Bezugsschein ergattert für Schuhe. Meine Füße sind so mager geworden, dass mein einziges Paar Schuhe, das ich noch habe, schlappt! Wissen Sie, wo ich ein Paar erwischen könnte?«

Nein, da könnte ich ihr nicht raten.

»Ein Hundeleben«, fährt die Frau traurig fort. »Was geschieht alles! Was muss man geschehen lassen! Wie muss man entbehren und leiden und schweigen! Nirgends ein Lichtlein! Wenn man nicht religiös wäre, hätte man überhaupt keinen Halt mehr! Wozu denn dieser Wahnsinn?«

»Sch! Vorsicht!«, flüstere ich der Erregten zu, denn drei Schritte entfernt taucht eine junge Frau auf, der ich nicht über den Weg traue.

»O –«, sagt die Frau, »ich weiß Bescheid! Ich kenne meine Leute. Übrigens – – wie ist eigentlich *Ihr* Name? *Ihnen* sieht man von weitem an, dass man Ihnen trauen kann.«

Schöne Zuversicht!

Mein Nachbar Apotheker ist wie ein Schwamm: er saugt alles auf, und wenn man auch nur ein klein wenig an ihm drückt, so lässt er es wieder ausfließen. Heute früh erzählte er eifrig: »Wir haben jetzt schwimmende Tanks!«

Mir entfuhr: »Das haben die Engländer doch schon lange!«

Glutübergossen – denn das konnte ich ja nur von Radio London wissen – fügte ich bei: »Ich glaube mich wenigstens zu erinnern, dass ein Urlauber einmal so etwas erzählt hat.«

»Diese Panzer brauchen wir für die Wolga und für den Nil!«, fuhr mein »Schwamm« eifrig fort.

»Aber wir sind doch noch nicht am Nil?« (Was für ein zweiter höchstverdächtiger Einwand von mir!)

»Nein! Aber bald!«, weissagte triumphierend mein Nachbar. »Ich bin gestern wieder mit hohen Gewährsleuten zusammen gewesen.«

»Ah – –« (dieses ehrfürchtige »AH« schmeichelt ihm immer so sehr, dass er alles von sich gibt, was er von den »hohen Gewährsmännern« in sich aufgesaugt hat).

»Der Krieg dauert noch lange. Mindestens noch drei Jahre! Das sagen alle. Aber demnächst kommt ein ganz großer Schlag in Ägypten!«

Ich hätte gerne dazwischengefragt: »Von unserer oder von englischer Seite?« Aber es schien mir doch geraten, mein Herz nicht weiter aufzuschließen und ihm alle meine ketzerischen Gedanken zu entdecken. Ein Deutscher hat ein sehr feines »Gewissen«. Dieses »Gewissen« könnte ihn zwingen, mich aufs Schafott zu bringen.

17.10.42. Ich habe heute wieder einen schweren Tag. Auf Schritt und Tritt begegnet man ausländischen Sklaven und Sklavinnen. Die Schamröte loht jedes Mal auf meinem Gesicht!

23.10.42. Ludowike war heute in einem Schulungsvortrag des NS-Lehrerbundes (Pflicht!). Der Redner (ein Lehrer) sprach über das »germanische Gemüt«. »Würfel von einmaligen Ausmaßen sind gefallen!«, schrie er »zackig«. »Friedrich der Große hat Lorbeeren ganz gewaltig herausgeschält!« »Deutschland treibt Politik mit Gemüt!« »1933 war die Revolution gegen die ›Gemütsrohheit‹!« »Wir müssen mehr Gemüt haben und – – härter gegen die Gefangenen werden!« »Erzieher sein, heißt Politiker sein!« »Der Erzieher, der unberührt bleibt von diesen Schulungen, hat versagt, er muss ausgeschieden werden!« »Rücksichtslos werden wir gegen alle inneren Feinde vorgehen!« Dieser »gemütvolle Erzieher« erzählte weiter: »Ich habe das *Glück* gehabt, bei sechs Hinrichtungen zusehen zu dürfen.« Das sei zwar ein zweifelhaftes Vergnügen. Aber es gebe doch ein Hochgefühl »ungeheuren Ausmaßes«, so einen Volksschädling oder einen Polen ausgebrannt zu sehen! »Von diesem polnischen Gesindel habe ich im Jahre 1939 viele ›hops‹ genommen (Ausdruck für aufknüpfen).«

Man wird sich diesen sauberen »Erzieher« merken müssen für die reinigende Gerechtigkeit, die, so Gott will, nach dem Krieg ihr Werk tun wird.

Der »gemütvolle« Herr erzählte dann, dass man die zum Tode Verurteilten in der Nacht vor ihrer Hinrichtung nicht allein lasse, nicht aus Mitleid, sondern um ihnen die Möglichkeit zu nehmen, sich selbst aus dem Leben zu stehlen. »Nicht wahr, so was darf auf keinen Fall sein! Selbstmord! Das würde diesem Gesindel passen!« Er erzählte dann, dass er mit *einer* Sache bei diesen Hinrichtungen nicht einverstanden sei. Eine halbe Minute vor der Exekution sage man den Klienten, sie sollen sich jetzt bereithalten; denn nun würden sie gleich eingehen in die ewige Seligkeit. Das sei durchaus ungermanisch! Keiner von uns möchte sich doch mit so einem Gesindel in der »ewigen Seligkeit« wieder treffen! Für uns Germanen bedeute ewige Seligkeit etwas total anderes. Warum wir überhaupt nicht loskommen von diesen biblischen Vorstellungen, vom christlichen Wunderglauben? Wunder über Wunder erleben wir doch täglich! Adolf Hitler sei das ganz große Wunder!

Der Mann heißt Hiltburger und ist, soviel ich weiß, Lehrer in unserer Stadt.

10.11.42. Welch ein Aufatmen geht durch deutsche Lande! Durch jene, die das *wirkliche* Deutschland verkörpern. Aber die Mehrzahl – nein, ich will das nicht behaupten, es ist so schwer abzuschätzen, – ist belämmert. Doch die Bestürzung scheint für den Augenblick schon wieder behoben zu sein: Hitler hat England fürchterliche Rache angedroht. Er hat »Geheimwaffen« angedeutet, mit denen er England k. o. schlagen werde. Und siehe da: das gläubige deutsche Volk jubiliert. Es vergisst Rommel und die Amerikaner in Afrika und denkt nur an die 2000 Stratosphären-Flugzeuge und an die 2000 fern-lenkbaren unbemannten anderen Flugzeuge, die wir in einer Nacht gen England senden werden, um England mit Mann und Maus zu vernichten.

18.11.42. Goebbels sprach in Wuppertal über den »Heiligen Krieg um Raum und Scholle«. Aus einem Zeitungsbericht darüber sei Folgendes zitiert:

> »Wir wollen«, so rief der Minister aus, »dass unser Volk nicht nur von einer heißen Liebe zur eigenen Gemeinschaft erfüllt wird, sondern auch von einem *infernalischen Hass* gegen die Männer und Kräfte, die diese Gemeinschaft angreifen und zerstören wollen. Wenn man einwendet, das sei undeutsch, so kann ich nur sagen: »*Die übertriebene Objektivitätssucht ist ein deutscher Charakterfehler.* Wenn man uns heute im Ausland vorwirft, wir seien Partei und voreingenommen, so bekennen wir offen: das ist unser größter Stolz! ... Wir wollen von nun ab nichts anderes sein als unser Volk! (Stärkster Beifall) Für dieses Volk kämpfen wir und treten wir ein. Nach dem Kriege wollen wir wieder objektiv sein; *jetzt kommt es nicht darauf an, Objektivität zu pflegen*, sondern jetzt fordert die Zeit von uns die Pflege der nationalen Leidenschaften und den nationalen Fanatismus ... *Gelobt sei, was hart macht!*«

Wann endlich wird man diesem Maulhelden seine unverschämt verlogene Klappe stopfen dürfen?

25.11.42. Vorgestern der Luftangriff auf unsere Stadt. Da bleibt mir manches sehr dunkel. Warum sind die Bomben nicht in das Fabrikviertel hineingesaust? Stattdessen sind eine Anzahl Dörfer der Umgebung schwer heimgesucht worden.

Da liegt oder kauert man wie ein Häufle Elend in seinem Keller, das Haus erzittert unter dem Höllenspektakel draußen, man hört die todbringenden Flugzeuge über das Dach wegbrausen, der Atem stockt. Wird es uns mitsamt unserem Haus wegfegen? Ich fürchte, es wird mir nicht mehr viel Kraft bleiben, um hernach die schöne Welt zu zimmern helfen. Wenn ich doch endlich, endlich auch mal wieder eine Nachricht von meiner englischen Tochter hätte!

10. Dez. 42. Es ist noch kein Wort erdacht, das ausdrücken könnte, wie es mir heute wieder zumute ist. Obwohl ich im großen Ganzen *weiß*, was mit den Juden geschieht, und auch schon allerlei erfahren habe über das, was mit Polen und Russen und anderen geschieht, ist es mir doch, sooft ich Einzelheiten höre, als müsse ich den Verstand verlieren. Ein Vetter von mir hat in einer poln. Stadt angeblich Folgendes erlebt: Eines Tages seien die Juden außerhalb der Stadt zusammengetrieben und von SS umstellt worden. Frauen, Kinder, Männer. Bei der geringsten Bewegung sei in die zusammengepferchte Menge hineingeschossen worden. Die Leichen hätten die Juden am Abend auf Karren in ihrem Zug stadtwärts mitführen müssen. Andern Tages seien sie in Viehwagen (diese sind oben offen) eng zusammengepresst worden. Jeder habe die Arme hochrecken müssen. Dann habe man die Leichen hinaufgeworfen, sodass sie auf den hoch gereckten Armen gelegen seien. Dann seien sie irgendwohin gefahren worden zur »Kadaver-Verwertung«. Den Erzählungen nach wäre anzunehmen, dass die armen Kreaturen alle zusammen elektrisch getötet wurden.

Die umstehenden Soldaten – darunter auch der Erzähler dieses Berichts – seien gelähmt gewesen vor Entsetzen. »Kameraden!«, habe der SS-Offizier, der Leiter des ganzen Massakers, gerufen, »da gibt's nichts zum Glotzen!« Laut Bericht sollen die Soldaten gerufen haben: »Wir *sind* nicht deine Kameraden, du Judenmörder!« und seien davongerannt.

In meinen Ohren brauste und rauschte es. So habe ich manches in der Minute schon wieder vergessen. Aber wenn dieser Vetter wieder einmal in Urlaub kommt, dann werde ich ihn persönlich aufsuchen und mir erzählen lassen.

Der Verwandte, der mir das oben Angeführte von unserem gemeinsamen Vetter erzählte, berichtete mir u. a.: er habe zwei Kinder eines Estländers in seiner Schule (er ist Lehrer). Dieser Mann habe ihn neulich aufgesucht. Er habe sich beschwert, dass seine Kinder zu »weich«, zu »sentimental« erzogen würden in der Schule und sich infolgedessen nie für die gewaltigen Aufgaben eignen würden, die auf sie warten. Er, der estländische Vater, könne die Fehlerziehung meines Vetters, des Lehrers, nur dadurch einigermaßen wiedergutmachen, dass er seine Kinder in regelmäßigen Abständen blutig schlage. Dieser »gütige Vater« ist Dolmetscher bei der Gestapo. Er erzählte von seinen »gewaltigen Aufgaben«, zu denen man *mehr* brauche, als ein starkes Mannesherz und kalten unbeirrbaren »Mut«. Ob mein Vetter wisse, dass sich ein November 1918 anzubahnen drohe? Weg mit all dem Gezücht, das in dieser Richtung heimlich oder weniger heimlich wühle. Bis der normale verschlafene Deutsche seine Augen morgens aufmache, habe *er und seinesgleichen* meist schon »ganze Arbeit« geleistet und manches Lebenslichtlein ausgetreten, das auf dem Weg zu einer innerdeutschen Revolution zu irrlichtern versucht habe. Das sei *harte, entschlossene Arbeit*, und wenige können das aushalten. Was Deutschland aber machen würde ohne Männer seines Schlages?

Ein schwacher Trost an dieser grausigen Geschichte ist, dass Deutschland offenbar doch nicht genug Schergen findet im *eigenen* Land, sondern nach »starken, entschlossenen Männern« jenseits seiner Grenzen suchen muss, die sich bereitfinden, das Leben Deutscher »auszutreten«.

Ludowike war gestern wieder zu einem »Schulungsabend« befohlen. Die Rednerin wetterte über die ewige deutsche Unart zu meinen, man müsse »menschlich« fühlen. Beispielsweise – so erzählte die Rednerin – hätten heute bei der Sondermeldung von den durch Torpedierung eines Schiffes ertrunkenen englischen Soldaten einige Nachbarinnen von ihr nichts anderes zu sagen gewusst als: »Wie schrecklich! Das sind doch auch Menschen!« Sie fuhr fort: »Eine verwerfliche Haltung! Völlig undeutsch!« Sie werde sich ganz bestimmt diese Weiber genauer ansehen. Aber eine würdelosere Sache dabei sei: Eine Hausfrau unserer Stadt, der als Hausgehilfin eine Osthilfe (Mädchen aus Russland) zugeteilt worden sei, habe diesem Mädchen ein Kleid von sich geschenkt, und da dieses nicht gepasst habe, habe sie die Russin mit dem Kleid in die von der Frauenschaft (!!!) eingerichtete Nähstube geschickt und dort bitten lassen, dass man das Kleid für das Mädchen abstecke, damit es sich dasselbe zurechtmachen könne! So ein Skandal! Diese Russin sei nun für immer »verdorben«.

Als was »verdorben«? Als hündische Sklavin natürlich, denn wenn ihre Herrin so wenig deutschtums- und herrentumsbewusst sei, so sei von dem Mädchen doch selbstverständlich nicht die richtige Subordination zu erwarten.

»Selbstverständlich« werde man sich nun diesen Haushalt näher ansehen, und die Rednerin ließ durchblicken, dass KZ das wenigste sei, was diese würdelose deutsche Frau erwarte. – Nicht genug damit! Da habe sich ein Betriebsführer, dessen Ostarbeiterinnen in Baracken untergebracht seien, soweit vergessen, dass er für diese Betten, Wäsche und sogar einen Christbaum angefordert habe! Man denke sich: Betten und Wäsche! Wo wir nicht mal für unsere Bombengeschädigten das auftreiben können, wo wir für unsere deutschen Kinder keinen Weihnachtsbaum bekommen können! – Da verlangt dieser – dieser Kerl Betten und Wäsche und einen Christbaum für seine russischen Arbeiterinnen, die noch nie in ihrem Leben Betten und Wäsche, geschwiege denn einen Christbaum gesehen hätten. »Härte, Mitleidlosigkeit, Erbarmungslosigkeit: das müssen die hervorragendsten Tugenden der deutschen

Frauen, der deutschen Menschen überhaupt, sein. Fort mit der unseligen, sentimentalen Bescheidenheit! Wir müssen endlich unsere Mission erkennen und wahre deutsche Herrenmenschen werden!«

Was vielleicht mit diesem Schulungsvortrag auszusöhnen vermag, ist folgende Begebenheit, die die Rednerin am Schluss – gewissermaßen als das Entsetzen aller Entsetzen – erzählte: Der Gatte einer Frau unserer Stadt wurde eingezogen. Sein Sohn wollte gleich freiwillig mitziehen. Der Vater (vernünftig, offenbar) sprach ein gewichtiges Wort: »Nein, du bleibst hier, gehst zur Schule und lernst etwas. Dann kannst Du Deinem Vaterland mehr dienen.« So ging der Gutedel, dem das Lernen offenbar sehr gegen den Strich ging, knurrend weiter zur Schule. Aber eines Tages kam die Nachricht: »Der Vater ist gefallen«. Die Witwe zerdrückte eine »nordische« Träne, dann ging ein Leuchten über ihr Gesicht, und mit diesem Leuchten trat sie in ihres Sohnes Zimmer und legte die Trauerbotschaft vor seine Augen. Darauf leuchtete auch sein Gesicht. Er sagte: »Jetzt ist es an mir!« Die Mutter erwiderte: »Ja, jetzt ist es an Dir.« An dieser Stelle der Erzählung brauchten die meisten der Zuhörerinnen ihre Schnupftücher, um dem Gerührtsein zu gebieten. Andern Tages ging diese wahrhaft heldische Frau und Mutter zu dem Lehrer ihres Sohnes. Dieser Mann sagte, erschütternden Gesichts und ergriffenen Tones: »Ich habe 28 Abiturienten. 27 Mütter sind bereits bei mir gewesen. Dass auch *Sie* noch kommen würden, das hätte ich nicht erwartet!«

»Ja … ich wollte Sie bitten, doch ganz bestimmt meinen Jungen durchs Abitur zu schleusen, damit er sofort ins Feld und seinen gefallenen Vater ersetzen kann –«

»Ach so – So ist das –«, sagte der verwirrte Professor. »Die anderen 27 Mütter haben mich nämlich alle gebeten, ihre – ihre Söhne – *durchfallen* zu lassen, damit sie *nicht* Soldat werden müssen, sondern noch eine Weile die Schulbank drücken dürfen.« Gibt diese offenbar auf Tatsachen – wenn vermutlich auch mit einiger Übertreibung aufgebaute Geschichte nicht Mut zu allerlei Hoffnung? Und zu dem Glauben an die Mutterinstinkte – lebendig *auch* in der deutschen Frau?

1943

Neujahr 1943. »Dummes Volk, dummes!« Das ist mein Neujahrsmorgengruß für mein Vaterland. Zwar hat mir gestern Abend eine alte Dame gesagt, als die gewaltigen U-Boot-Erfolge sondergemeldet wurden: »Glauben Sie denn, auch nur *ein* Mensch sei noch überzeugt, dass wir den Krieg gewinnen?« Sie sprach von den »verdächtigen« U-Boots-Erfolgen, die immer dann eintreten, wenn es sonst schiefgehe.

7.1.43. Allmählich sickert einiges durch von der wirklichen Lage an der Ostfront. Dass eine Armee bei Stalingrad eingeschlossen ist beispielsweise. Hierher hat ein Reserveoffizier (Hauptmann) geschrieben, dass *er* führen müsse, weil alle höheren Offiziere gefallen seien. Er habe ein verwundetes Knie und müsse trotzdem ungeheure Verantwortung tragen. Ihre einzige Hoffnung seien die »Ju's« (Junkers Flugzeuge, die Lebensmittel abgeworfen haben über den eingeschlossenen Soldaten).

Mein Fleischer sagte mir gestern, Hitler habe ja auch mit *Keitel*[11] schon wieder Krach. Meine Nachbarin, die dabei stand, meinte dazu »Ist doch was Arg's mit so nem eigensinnigen, zornigen Menschen! Und drbei – – was war er denn? Gefreiter! Ist doch kein General nöt! *Gor* olles derf mr sich doch nöt einbild'n, dass mr's kann!«

22.1.43. Ein Erlebnis beim Zahnarzt: die Zahnarzthilfe, Braut eines »Gott sei Dank« beingequetschten und darum nicht mehr felddienstfähigen Ingenieurs, erzählte wichtig: »Na, was auf dem Weg nach Afrika alles versenkt worden ist in letzter Zeit! Ich habe einen Vetter, der schrieb …«

»Aber Fräulein Sieglinde, Sie sollen so etwas nicht erzählen!«, mahnte der keineswegs sehr kriegerische Zahnarzt.

»Ich erzähl es ja auch nicht. Ich sage es ja nur hier – – – also mein Vetter schrieb: ›Hoffentlich lernen wir alle schwimmen, dass wir heimschwimmen können! Schiffe sind das Unsicherste …‹«

»Aber Fräulein Sieglinde, Sie *sollen* so etwas nicht erzählen!«

»Tu ich ja auch nicht! Ich sag's ja nur hier. Die Italiener haben sie alle zurückgelassen bei der Schweinerei. Nur die Deutschen haben sich retten dürfen in Afrika, und was die Amerikaner anlangt, na – – die sind mächtig auf Draht. Alle vier Tage bauen die ein Schiff!«

»Aber Fräulein Sieglinde, Sie *sollen* nicht … Übrigens: was *wir* alles gebaut haben, das weiß kein Mensch – – –«

»Schon. Aber meine Cousine, die in Detroit war, und bei Kriegsausbruch herüberkam, sagte: »Ich sehe schwarz für Deutschland, wenn nun Amerika in den Krieg eingetreten ist – – –!«

»Sie *sollen das nicht sagen, Fräulein Sieglinde*!«

»Ich sag' es ja gar nicht. Das sagt meine Cousine – – – Und was die armen Kerle in Russland anbelangt, na – – da hat schon jeder sein Elend, wenn er überhaupt noch heimkommt!«

Sieh mal an: das deutsche Volk lernt um. Dieses Fräulein Sieglinde war bis vor kurzem Führerin im Reichsarbeitsdienst, ging also unbedingt *mit* dem Dritten Reich – – ging mit, solange es siegte.

Anschließend ging ich auf die Bank.

»Nichts Neues?«, fragte ich den Beamten.

»Nichts. Sie?«

»Nein. Nun – – man ist – –«

»Ja – – ja – – man ist gedrückt, Sie haben ganz Recht. Scheußlich! Müssen 200 000 Menschen da krepieren, nur wegen dem blöden Prestige! Weil wir Stalingrad nicht bekommen haben – – – Man fasst sich an den Kopf.«

Zu Hause angekommen erwartete mich ein Besuch. Ich ließ

das Stichwort »Stalingrad« fallen. Die Dame sagte: »Keine Sorge mehr! Um den russischen Ring ist nun wieder ein deutscher Ring gebildet. Und dieser deutsche Ring hat bereits eine Bresche geschlagen in den russischen Ring, so dass die eingeschlossenen Deutschen herauskönnen.«

Ich wagte einen leisen Zweifel, aber die Dame ereiferte sich: »Das ist so! Ich weiß es von meinem Verwandten. Der ist beim Generalkommando in St. Und dort wissen sie natürlich alles!«

Dummes, ewig dummes, gläubiges deutsches Volk!

25.1.43. Zeitungsausschnitt:

> »Zum ersten Male seit Kriegsbeginn vielleicht ahnen wir in diesen Tagen etwas von der unerbittlichen Härte dieses Krieges.«

Ja – – zum ersten Mal ahnen *wir* etwas von der »unerbittlichen Härte des Krieges«. Es wird nicht die letzte »Ahnung« sein. Das deutsche Volk wird von nun an von der »unerbittlichen Härte«, die es unter Fanfarengeschmetter an anderen Völkern exerziert hat, eine reichliche Portion zurückerhalten. Das *muss* sein, so furchtbar es ist, das auszusprechen. Ganz abgesehen vom Nationalsozialismus – dieser ewigen Schande – gehört auch unseren kriegerischen Nationalisten ein gewaltiger Denkzettel. Endgültig ausgespielt müssen sie haben. Sie dürfen nicht wieder beginnen, die Jugend zu vergiften, sie mit falschen Idealen zu verseuchen, Geschichtsfälschungen vorzunehmen. Die Leiden müssen so hart sein – ach, sie *werden* es, davon bin ich überzeugt –, dass jeder aus innerstem Herzen gen Himmel fleht: »Nie wieder Krieg!« Dann – ja, dann wird das deutsche Volk sich wieder den Platz unter den Völkern der Erde erobern. Den es längst einnehmen könnte, wenn es nicht immer wieder auf solch schreckliche Irrwege geraten wäre!

Gestern hatte ich wieder »Radio-Gäste«. Hoffentlich halten sie dicht. Unser Haus ist wie ein geistiges Gasthaus: die Menschen kommen und »verzehren«, was sie so dringend brauchen, um nicht ganz zu versinken.

Diese »Radio-Gäste« berichteten: ein Soldat, der als Urlauber in ihrem Hause weilt, habe erzählt: »Nun beginnen wir mit dem Gaskrieg – –«

»Wir? Aber doch nicht wir? Die Engländer oder die Russen?«

»O nein! Wir werden den Vorteil, der *Erste* zu sein, doch nicht den anderen überlassen! Wer anfängt, gewinnt. Sie zwingen uns ja dazu, Gas zu verwenden!«

Man »zwingt« uns also. – – So erzählt man's den Soldaten.

28.1.43. Eigentlich sollte ich nun jeden Abend in ganz großer Ruhe zu Bett gehen, denn das, worum es geht auf der gegenwärtigen Welt, wird in Ordnung kommen: der Nationalsozialismus wird weggefegt werden!

Die Stimmung des »heldischen« deutschen Herrenvolkes ist tief unter null gesunken. Man glaubt nicht mehr an Sieg und Fanfaren, man hat Angst, Angst, Angst! Angst vor den Nachrichten von den Kriegsschauplätzen, Angst vor Luftangriffen, Angst vor dem, was kommen wird, Angst vor den Millionen ausländischer Arbeiter, Angst vor Hunger und vielerlei Kriegsnot. Gerüchte über Gerüchte! Die Schulen sollen geschlossen werden, auch die Universitäten und kleinen Geschäfte; die Frauen, die Halbwüchsigen sollen in Fabriken und an Flakgeschütze, alte Männer sollen in die Betriebe usf. usf.

Jetzt, jetzt beginnt für das »Herrenvolk« der Krieg, der Krieg, der so wunderschön war.

8.2.43. Meine Nachbarin erzählte: »Meine Mutter hat geschrieben, in ihrer Stadt und Umgebung seien massenhaft Flugblätter abgeworfen worden. Man habe alle Schulen geschlossen, damit die Schüler diese Grüße aus der Luft sammeln konnten. Zuvor aber habe man sämtliche Kinder *vereidigt*, dass sie nicht lesen, was auf den Flugblättern stehe! Außerdem habe man auf je zehn Kinder eine erwachsene Person zur Aufsicht mitgeschickt. Auch diese Aufsichtspersonen durften nicht lesen, was auf den Blättern steht. Wie viele davon wohl nicht gefolgt und den Eid gebrochen haben?«

Soweit der Brief. Hat sich jemals in der Menschheitsgeschichte ein Volk derart entmündigen lassen? Was für unwürdige, den Spott herausfordernde Knechts-Seelen sind wir doch!

1.3.43. Ich habe Thomas Mann gehört. Sehr gut war es. Der Ausdruck »Apokalyptische Lausbuben« ist die einzige richtige Charakterisierung für die deutschen »Führer«. Wer Gassenbuben zugehört hat, der entdeckt die nahe Verwandtschaft zwischen ihnen und den oben erwähnten Herren. Aber – – lieber Thomas Mann, erlauben Sie mir eine Frage: gesetzt den Fall, Sie gehörten nicht zu den paar beneidenswert Glücklichen, die das Dritte Reich verlassen konnten, was würden Sie tun? Würden Sie etwa bei einer Massenversammlung in die Menge schreien »Nieder mit Hitler und den anderen apokalyptischen Lausbuben!« oder so ähnlich? Sie würden Ihren Satz nicht zu Ende sprechen können, Sie hätten kaum dem ersten Wort Laut gegeben, so hätten dutzend derbe Fäuste Sie schon gepackt. Es hätte nur den Zweck, das deutsche Volk um einen wackeren anständigen Menschen ärmer zu machen. Es ist so: das Geschehen *muss* abrollen. Ich weiß, dass alles, was von nun an kommen wird, unsagbare Leiden über das deutsche Volk (mich und die meinen eingeschlossen) bringen wird. Wir werden

den Krieg ins Land bekommen, denn der »stärkste Mann Europas seit Jahrhunderten« hört ja, wie er versichert, erst »fünf Minuten nach zwölf Uhr« auf. Wir müssen hindurch, und es ist vielleicht oder ganz bestimmt *gut* und *notwendig*, dass wir uns dieser Bestien nicht entledigen *können* fünf Minuten vor zwölf. Wenn wir das könnten, so würde Deutschland zwar viel Elend und Jammer erspart, aber es würde noch immer nicht gelernt haben, *wieder* nicht erfahren haben, *was* eigentlich Krieg ist, und was es unter Fanfarengeschmetter und Heilgeschrei anderen Völkern angetan hat.

4.3.43. Mein tägliches Gebet: »Bewahre uns vor der Gestapo, vor Bomben, Hunger und Kälte!« (wobei die Gestapo als schlimmster aller Schrecken an erster Stelle steht.)

Man fragt sich zuweilen: muss das alles sein? Muss das, was kommen wird, bis zum bitteren, gallenbitteren Ende durchlitten sein? Das »Programm« *muss* abrollen. Denn das deutsche Volk – – ach, was ist überhaupt das »deutsche Volk«? Es existiert nicht mehr. Hitler hat auch hier das vollkommene Gegenteil erreicht von dem, was er immer propagiert hat und propagieren ließ. Statt eines »Volkes von Brüdern«, einer »Volksgemeinschaft« sind wir lauter sich gegenseitig misstrauende Einzelgänger! Oft denke ich, wenn ich französische Arbeiter oder andere Ausländer miteinander sprechen sehe: »Wie gut haben's die! Sie können zueinander sagen, was sie denken und fühlen, ohne die quälende Furcht, einen Spitzel unter sich zu wissen, der sie an den Galgen liefert.« Was ist der Deutsche für eine elende Kreatur geworden! Wir, das »Herrenvolk«! Eine Anzahl armseliger, kriechender, furchterfüllter, sich unter der Peitsche ihrer Peiniger duckender, vor jedem eigenen Gedanken erschreckender Sklaven sind wir!

Wieder eine Revolution in der Höheren Mädchenschule. Die dritte Klasse, ungefähr 13-jährige Mädchen, hat ein Aufsatzthema erhalten: »Wie wirkt der Krieg sich auf mein persönliches Leben aus?« Was die Lehrerin da zu lesen bekam, war nichts weniger als erbauend. Insbesondere *ein* Aufsatz war es, der ihr die Zornesader anschwellen ließ. Er endigte mit dem Satz: »Und zu all diesem tatsächlichen Elend hin träumte ich noch in der Nacht, wir hätten das schreckliche Aufsatzthema bekommen: ›Wie wirkt der Krieg sich auf mein persönliches Leben aus?‹« – Eine große Verhandlung folgte. Vorreiten bei der Direktorin! Versöhnungsversuche! Die Schülerin blieb jedoch stocksteif stehen. Sie sagte nur: »Der Krieg ist noch nie etwas Gutes gewesen!« Und dabei blieb sie. Nun soll sie bei »geeignetem Anlass« aus der Schule entlassen werden. Wir werden uns diese kleine große Heldin merken! Sie muss dereinst in der kommenden Jugendorganisation mitwirken.

13.3.43. Nun ging auch das erste schwere Beben durch unsere schöne Stadt. Was für ein Entsetzen auf allen Gesichtern! Und doch sind wir hier erst ganz am Anfang der Leidenszeit. Sehr traurig ist, dass dieses Mal so gut wie *keine* militärischen Ziele getroffen wurden.

14.3.43. Im Garten unseres Freundes L. liegt noch ein Blindgänger. L. hat es nicht verdient, um Hab und Gut zu kommen. Aber er klagt nicht. Sein Leben aufs Spiel setzend, ging er nochmal in sein Haus, das von der möglicherweise explodierenden Bombe jede Sekunde umgelegt werden könnte, und holte – – seine heißgeliebten russischen Schriftsteller aus seiner mächtigen Bibliothek. Sehen Sie: solche Deutsche gibt es auch. Um ihretwillen wird man dem deutschen Volk viel zugutehalten können.

Auch um so vieler Kinder willen, die aufwachen, Buben und Mädchen, und zu revoltieren beginnen, die sich nicht mehr – um keinen Preis mehr! – identifizieren wollen mit HJ und BDM. Wohl, sie sind noch dabei, *müssen* ja dabei sein! Aber sie sind darüber hinausgewachsen. Sie schämen sich, suchen nach »Wahrheit«, in dem Wust von Lügen, in den man sie eingesponnen hat. Es sind schon viele, sehr viele, die aufgewacht sind. Denken wir an die tapferen Studenten[12] in München, die ihr Leben hingegeben haben. Wann endlich wird Hilfe von außen kommen? Wir im Innern schaffen's nicht. *Ein* SS-Mann mit einem Maschinengewehr ist stärker als tausend entflammte, aber unbewaffnete Gegner.

23.3.43. Churchill hat *gesprochen* – Hitler hat »geredet«. Welch ein Unterschied! Alles, was Churchill gesagt hat, hat mich brennend interessiert. Auch die Teile seiner Rede, die den Deutschen sonst nichts angehen: Was er über Sozialpolitik und Erziehungswesen sagte, beispielsweise – – denn das betrifft ja meine englischen Enkel, von denen ich, Gott sei's geklagt! – noch so wenig, wenig weiß, von denen ich aber bestimmt hoffe, dass sie, herangewachsen, ihrem großen Vaterland nützen und ihm Ehre machen werden.

Was mich mehr als betrübte in Churchills Rede, war der Passus über das Kriegsende. Nächstes Jahr! Übernächstes Jahr! Wenn man die ganze Jugend seines Sohnes verstreichen lassen muss, ohne Anteil daran zu haben, wenn einem Enkel geboren wurden, die schulpflichtig werden, ohne dass diese die Großmutter kennen gelernt haben, und wenn das Leben sich schon stark zu neigen beginnt und – wer weiß – alles ungetan bleiben wird, was man als *seinen* Beitrag für eine bessere, vernünftiger eingerichtete Welt hätte leisten mögen, dann hört man solche Prophezeiungen nicht gerne. Ich klammere mich an die Hoffnung, dass Churchill selbst nicht glaubt, was er sagt.

Wir sind am Samstag durch bombardierte Gebiete geradelt: viele Waldstriche sind zerfetzt, Obstgärten sind dahin, Häuser, in Wäldern versteckt, sind nicht mehr. Siedlungen kahl rasiert. »Ausradieren« wollte Hitler die Städte der anderen.

27.3.43. Zehn Jahre Nationalsozialismus! Zehn lange Jahre ohne Freiheit! Zehn lange, lange Jahre Geist und Mund mit einem Riegel verschlossen! Zehn Jahre der besten Lebenszeit, *des* Alters, in dem man wirken könnte, wirken möchte, wirken sollte, mundtot gemacht. Wie lange noch? Wie ungeduldig ich bin! Ein winziger Trost ist, dass diese zehn Jahre des Leerlaufs mir die Augen geöffnet und bewiesen haben, wie leicht beeinflussbar Menschenmassen sind. Sollte es darum nicht möglich sein, dass sich die Mehrzahl – wenn man es geschickt angreifen könnte – genauso gut für richtige Ideale begeistern ließen? Anstelle von Macht für Recht, von Brutalität für Mitleid, von Zwang für Freiheit, von Hass für Liebe, von Überheblichkeit für Achtung vor anderen.

Mein Nachbar Apotheker orakelte heute: »Im April sollen ja noch große Dinge geschehen!«

»Was für Dinge?«

»Neue Waffen!«, flüsterte er und blinzelte geheimnisvoll.

6.4.43. Ein Bekannter, bislang Offizier der Reserve, begeistert, wurde altershalber entlassen. Er sagte: »Eigentlich bin ich ganz froh. Der Höhepunkt ist überschritten. Es macht ja keinen Spaß mehr …«

Ach so! »Jetzt« macht es plötzlich »keinen Spaß« mehr: Weil man nicht mehr blumengeschmückt in Städte überrannter Länder einmarschieren, dort nach schönen Dingen Jagd machen und sie heimschicken kann. Als alter Knacker nicht mehr jenseits der bürgerlichen Moral auf verbotenen Liebespfaden wandeln, unerlaubten Abenteuern nachspüren kann? Weil der

Krieg nun dem deutschen Offizier *das* Gesicht zeigt, das deutsche Offiziere *anderen* Ländern vom Wesen des Krieges vermittelt haben? Es macht »keinen Spaß mehr«. Wie reizend!

27.5.43. Ein Bekannter, begeisterter Nationalsozialist, schwerer Asthmatiker, klagte gestern, nach Luft schnappend: »Keine Asthmatabletten mehr! Ein Elend!«

»Aber – – –«, sagte ich – – – »Du wolltest doch ›Autarkie‹ haben, nicht? Wir haben sie nun. Ergo: nur Medikamente aus guten deutschen Urstoffen!« Ich weiß, das war böse von mir. Aber man kann den Deutschen ihren Blödsinn wirklich nur am praktischen Beispiel demonstrieren.

Die Stimmung im Volk sei böse, sagten mir Wirtsleute. Ihre Gäste ließen allmählich jede Vorsicht außer Acht und machten ihrem Hass und ihrer Empörung ungehemmt Luft.

Ein Handwerker, dessen junge Tochter sich bei ihm beklagte, dass ihre ganze Jugend – dank dem Kriege – freudlos verstreicht, antwortete ihr: »Schreib doch ›deinem‹ Adolf! Bedank Dich bei ihm! *Ich* hab ihn nicht gewählt, und Du hast mich deswegen ausgelacht als einen ›alten Trottel‹, der nichts verstehe. Und wenn ich die englischen Nachrichten hören wollte, hast Du mir gedroht, mich anzuzeigen. Jetzt hast Du, was Du Dir gewünscht hast: eine hingeschwundene Jugend! Heil Hitler! Wir danken unserem Führer! Zeig mich doch an, Du dumme, böse Gans, Du!«

3. Juni 43. Meine Gedanken ergehen sich nun – sooft ich ein wenig Muße habe – in der Zukunft. Wie wird alles werden? Was muss geschehen, dass es »richtig« wird? Wie wird die Zusammenarbeit mit den Besatzungsbehörden werden? Wie werden sich unsere Nazis benehmen? Wird man es wagen können, offen seine Ansicht zu vertreten, ohne Angst vor

Feme-Morden? Oder wird dieses heillose Laster wieder auftreten und jedem mutigen Mann, jeder tapferen Frau Tod androhen?

15. 6. 43 Ich bin auf der Suche nach Mitbewohnern, die mich nicht denunzieren. Mein Mann und ich sind nämlich keine »Familie« mehr, haben also keinen Anspruch mehr, unser eigenes Haus bewohnen zu dürfen. Ein politischer Leiter hat mir gestern Abend unmissverständlich klar gemacht, dass unser Haus für eine Familie mit Kindern geeignet sei, und dass darum ... Was bedeutet eine Frau meines Alters noch im Dritten Reich! Man lässt sie solange leben, als sie noch Sklavin sein kann. Ihrem Mann gibt man eine junge Frau bei, denn er kann als Zeugender einen Jungen im Feld ersetzen.

19. 6. 43. Ich war früher ein freundlicher Mensch, hilfsbereit, den Menschen zugetan, heiter, offen. Was ist aus mir geworden? Verschlossen, misstrauisch, verlogen, hasserfüllt, eigennützig: das ist mein Konterfei heute. Um mein Leben vollends durch die »große Zeit« hindurch zu retten, muss ich *noch* verschlossener, *noch* misstrauischer, *noch* verlogener, *noch* selbstsüchtiger werden.

Es klingelt! Weg mit den Blättern! Wohin damit? In das Gebüsch vor dem Fenster.

Nachher: War das ein Schrecken! Ein Polizist stand vor der Türe. Hat er mein schlechtes Gewissen erraten? Vielleicht. Er sagte gleich tröstend: »Ich komme wegen Luftschutzfragen ...«

Man muss seinen Dachboden imprägnieren lassen. Die Leute sagen: »Das ist ja kein Krieg mehr!« Ach ja! Immer dasselbe, solange Krieg nur den anderen Völkern weh tut, merken wir es nicht, tut er aber uns weh, dann ist es »kein Krieg mehr«, sondern abscheuliches, rücksichtsloses Morden.

20.7.43 Der liebe Herr Apotheker erzählte: Ein früherer Professor an der Universität unserer Stadt (er emigrierte wegen seiner jüdischen Frau nach England) sei es, der den Engländern das neue Mittel zu der so wirksamen U-Boot-Bekämpfung erfunden habe. Die Frau Apothekerin mischte sich erregt in die Unterhaltung und sagte: »Drum gewinnt man erst den Krieg und haut die Juden *nachher* hinaus!« So also gehen die deutschen Gedankengänge, man hat nichts gegen das Schlachten der Kuh, sondern nur gegen die Dummheit, sie *vor* dem Melken geschlachtet zu haben!

Ein anderes Erlebnis: zwei entfernte Verwandte – der eine ein sehr frommer Mann und Gegner des Nationalsozialismus, der andere Propagandaleiter in einer kleinen Stadt, unterhalten sich. Der Fromme sagt: »Wir *können* diesen Krieg nicht mehr gewinnen. Gott kann das nicht zulassen. Wir haben zu viel Böses getan in den anderen Ländern …«

Worauf der andere: »Das war damals ganz berechtigt. Als jene Dinge geschahen, auf die Du abzielst, waren wir stark. Heute tun wir so etwas auch nimmer …!«

Also: wozu man die Macht hat, hat man auch das Recht. Das alte, das schreckliche Lied.

Ich habe das allerstärkste Missfallen erregt. Warum? Weil ich etwas Selbstverständliches getan habe, ich bin gerecht und höflich gewesen. Auf der Post stand (wie überall heutzutage) eine lange Schlange. Auch einige Franzosen, Zwangsarbeiter, die vor mir und vor vielen anderen da waren (!). Keiner nahm Notiz von diesen Fremdarbeitern, Sklaven! Sie mögen warten! Als die Reihe an mich kam, sagte ich: »*Messieurs, vous avez été ici avant moi!*«[13] Ein erstauntes Aufleuchten der Gesichter, eine zögernde Geste, dann traten sie an den Schalter. Hinter mir staute sich dräuend die schimpfende Menge. Ich drehte mich um und sagte: »Diese Männer hier arbeiten doch für Deutschland, wenn ich nicht irre …«

»Was brauchen die überhaupt auf der Post! Sie sollen was arbeiten. Viel zu sanft geht man mit diesem Gesindel um!« Dies waren die Worte aus dem »deutschen« Hintergrund. Wie sehr muss man sich schämen!

Montag, 26.7.43. Wie armselig ist der Mensch! Wie unbeholfen mein Vermögen auszudrücken, was ich heute fühle! Mussolini weggefegt! Meldet Radio London! Schnell ans Klavier! »Nun danket alle Gott!« Nichts könnte besser sagen, was ich fühle. Dabei an meine fernen Kinder denken! Was mögen sie fühlen bei dieser Nachricht? Hoffnung! Hoffnung!

Die Reaktion auf meine Putzfrau? Sie sagte kurz und bündig: »Ich möchte jetzt kein Nazi sein!«

Die Wirkung auf den Herrn Apotheker? Wie gelähmt saß er in seinem Garten, der Nachthemdzipfel hing höchst unfeierlich unter seiner kurzen grünen Sporthose vor. Die lächerliche Aufmachung passte so gar nicht zu der tief zerfurchten Stirn und den angsterfüllten Augen eines Jungen, der sich offenbar selbst nicht verstehen kann. Wie klein und sorgenerfüllt und kläglich ist der großspurige Held Apotheker heute geworden! Und mit ihm bestimmt Zehntausende anderer »großer Herren«! Wie aufgeblasene Gummimännchen, die mit einem kläglichen Quietschlaut in sich zusammensinken. Ich selbst möchte eigentlich gar nichts tun, als immer dasitzen und das erregende Gefühl wahrnehmen, das mich bewegt und innerlich jauchzen macht. Bald! Bald wird das Leben wieder beginnen! Das Leben mit so viel Schönem, Interessantem, Gutem! Ein Leben in Wahrhaftigkeit und Anständigkeit, verbunden mit dem *Gesamt*leben! Nicht mehr jenes »deutsche« Leben, das schlimmer ist als der Tod!

21.8.43. Wie ich alles satt habe! Endlich einmal wieder – wo immer wünschenswert – sagen dürfen, was man denkt, seine

Haustüre zuschlagen können vor ungebetenen Gästen, das freundliche Grinsen abzulegen, sein »wahres« Gesicht zu zeigen und jenes »reinigende Gewitter« auszulösen, das unser Volk so dringend benötigt, damit die »Luft im Vaterland« hernach wieder lockt, sie in tiefen Zügen einzuatmen.

2.9.43. Binnen vierzehn Tagen müssen alle Schüler unserer Stadt evakuiert sein. Eine furchtbare Aufregung! Die Mütter jammern und weinen auf den Straßen, die Kinder schreien, und es gibt Männer, die sagen: »Jetzt ist es mir ganz gleich, ob ›sie‹ mich an den nächsten Zaun hinstellen und erschießen.«

Diese Eltern behaupten, es sei keineswegs Fürsorge für die Kinder, man nehme vielmehr den Müttern die Kinder weg, damit sie selbst, die Mütter, in die Fabriken gezwängt werden können. Andere sagen: die Kinder müssen weg, um Betten frei zu machen, für Erwachsene, die arbeiten können, Kugeln drehen, und damit nach einem erwarteten Großangriff Betten da seien für die zur Arbeit benötigten Obdachlosen.

Das deutsche Volk erwacht, reibt sich schreckvoll verwundert die Augen und sagt: »Ach – – *so* ist der Krieg? Wenn wir *das* gewusst hätten …«

Mein Nachbar sagt: »Es gibt vernünftige und unvernünftige Weiber. Solche, die ihren Männern ins Feld schreiben: ›Es geht uns gut, wir werden immer satt, und Du brauchst Dich um nichts zu kümmern …‹ und andere, die erzählten: ›Es ist schrecklich, zu kaufen gibt es nichts, wir haben immer Hunger, und arbeiten muss man wie ein Lasttier …‹ Das sind Hochverräterinnen! Jeden Tag gehört ihnen eine Tracht Prügel verabreicht …«

4. 9. 43. Hermann Hirsch[14] in seinem Leitartikel:

> »Ein politisch reifes Volk lässt sich durch die agitatorischen Manipulationen nicht beirren. Der Führer denkt für uns. Wir brauchen nicht für ihn zu denken …« usf.

Wie lange noch lässt sich das deutsche Volk eine derart beleidigende Behandlung gefallen? Lässt sich alles »vordenken«? Jedes Tier hat ein würdigeres Dasein als ein Deutscher im Hitler-Vaterland. Wohl: er darf essen und trinken (allerdings nur so viel, wie ihm zugeteilt ist), er »darf« arbeiten, mehr als er leisten kann, ja, er *soll* sich sogar vermehren. Aber denken? Bei Todesstrafe verboten. Das besorgt allein und absolut richtig – wie wir glückvoll erleben – der »Führer«.

9. 9. 43. Italien hat kapituliert! Wie selten waren mir während der vergangenen Jahre Tränen gegeben! Ich bin hart geworden, sehr hart. Aber heute – – ach heute – – –! Ich rannte zu meinen beiden Kölnerinnen, die in meinem Hause untergekrochen sind, und verkündete ihnen das Ungeheuerliche. »So lachen Sie doch!«, sagten sie. »Warum weinen Sie denn?«

Wir – mein Mann und ich machten noch ein paar Schritte nach dem im Mondschein liegenden nahen Wald. Es war uns feierlich zumute, glückselig feierlich. Das Ende des Martyriums ist in Sicht! Es hat zwölf Uhr geschlagen. Es gilt, noch die letzten fürchterlichen 5 Minuten durchzustehen!

10. 9. 43. »Der Führer spricht!« Von Mund zu Mund verbreitet sich diese Kunde? Aus allen Fenstern tönt der Radio. Wie viele haben seither alle nur denkbaren Kniffe angewandt, um die Führer-Reden *nicht* hören zu müssen. Heute aber will jedermann wissen, was er wohl zu der italienischen Sache zu sagen haben wird. Aber – – – der Führer sprach nicht. Die Radios liefen heiß, man wartete, wartete, wartete. Nichts erfolgte. Sollte es wahr sein? Man erzählte: der Führer sei überhaupt gänzlich desinteressiert am Krieg. Er arbeite mit Hochdruck an den Entwürfen für einen neuen Bahnhof in München. Es ist alles möglich. An dem einen »Spielzeug«, seinem Krieglein, hat er sich gestochen, nun greift er – als echter Narr – zu einem anderen.

Ein politisch mündiges Volk seien wir. Dass ich nicht lache! Meine Nachbarin beispielsweise sagte mir heiter lächelnd: »Das mit Italien hat gar nichts zu bedeuten! Die Schlawiner-Italiener haben sowieso nichts geleistet bis jetzt!«

Es ist mehr als schwer, jetzt seine Zunge zu zügeln, jetzt, wo die Angst der »Heroen« überall sichtbar wird. Diese Großmäuler sind so klein geworden, und ihre Augen quellen ihnen vor purer Angst aus den Höhlen. »Wird man uns aus unseren Häusern vertreiben?«, fragte sie zitternd.

»Möglich«, antworte ich.

»Werden die Russen uns zur Zwangsarbeit nach Russland verschleppen?« »Vielleicht«, antworte ich ungerührt. »Wenn sie nach dem alttestamentarischen Spruch handeln ›Auge um Auge – Zahn um Zahn‹, dann werden wir nichts zu lachen haben, wenn die Sieger einrücken in unser Land.«

»Werden die Feinde uns nicht töten, foltern?«

»Vielleicht. Wenn sie nach unserem Wahlspruch handeln: ›Wozu man die Macht hat, hat man das Recht‹, dann werden sie es sicherlich tun.«

13. 9. 43. Aber ich kann nicht »nichts« sagen, ich kann es nicht, und wenn Himmler jeden Tag droht: »Wer am Sieg zweifelt, wird den Ausgang des Krieges nicht erleben!« So erinnere ich an die »Städte«, die Hitler drüben »ausradieren« wollte, an die russischen Armeen, die (nach ihm!) »vernichtet« sind und »sich nie mehr erheben werden« (und sich doch immer wieder erhoben und eindringlich gekämpft haben), an das Wort »Stalingrad überrennen« und an andere markige Äußerungen des Göttlichen. Aber ich weiß, meine Tage sind gezählt. Ich gehe – sozusagen – bereits mit dem Kopf unterm Arm durch die Straßen. Ich will das Schicksal nicht absolut herausfordern, nein, das will ich nicht. Ich will vorsichtig sein, wo es angeht, aber ich will nicht zum Verräter an meinen Werten und Denken werden. Ich will es nicht, will es nicht! Darum, wo immer ich eine Chance sehe, jemand noch nicht hoffnungslos Verlorenen für die bessere Sache zu gewinnen oder ihn vor einem völligen Abrutsch in die Welt dieser Afterideale zu bewahren, *werde* ich reden.

17. 9. 43. Wie viel weise Voraussicht hat doch unser »Allesimvorhinein-Einkalkulierer« walten lassen! Die Zeitungen schreiben:

> »Er hat in den vergangenen Jahren darum so gewaltige Räume erobert, damit er jetzt in der Lage ist, die ›übergroßen Räume‹ wieder abzustoßen, sich von ihnen abzusetzen.«

So zu lesen in den Zeitungen. Diese Schaumschläger!

21. 9. 43. Die Gegenwart hat doch noch Humor. Jeden Tag werden in den Zeitungen Papageien zum Verkauf angeboten. Warum? Weil der Sprachschatz des deutschen Papageis aus »Heil Hitler!« »Wir danken unserm Führer!« »Gott strafe England« und »Sieg Heil« besteht. Im September 1943 ist das nicht so – – – so modern. Es geht auf die Nerven. Auf keinen Fall möchte man derjenige sein, von dem das plappernde Tier diesen Sprachunterricht genossen hat. Man kann ja nicht wissen, wie's geht, ob nicht eines Tages englische Besatzung von so einem Biest begrüßt wird: »Gott strafe England!«

29. Sept. 43. Auf unserem Bahnhof habe ich gestern Folgendes gesehen: Mit einem Fernzug lief ein merkwürdiger Wagen ein, mit Gitterchen anstatt mit Fenstern versehen. »Ein ausländischer Viehwagen? Aber was wollen die vielen hellgrün uniformierten Polizisten?«, fragte ich mich. Nach wenigen Augenblicken bildeten die »Grünen« eine Kette. Einer öffnete die Türe des »Viehwagens« und heraus kamen ... Sklaven und Sklavinnen. Ostarbeiter. Erbarmungswürdige, übernächtigte Menschen. Armselige Bündel auf dem Rücken.

Ich frage: Wer in deutschen Landen will das verantworten? Wer ist bereit, es mit Gut und Blut zu sühnen? Ausgleichende Gerechtigkeit? Vielleicht. Denn auch jetzt schon ist das deutsche Volk »unstet und flüchtig«.

30. 9. 43. Hier in diesem Bauerndorf, wo ich für einige Wochen lebe, wird es buchstäblich bald Mord und Totschlag geben um den »Lebensraum«. Bis vor kurzem kreisten die Gefühle des Neides und des Hasses nur um das Essen. Jetzt – durch das Hereinpumpen vieler Flüchtlinge – geht es um »das Bett«, »den Stuhl«, »den Platz unter der Lampe«, »um den Kochtopf«, »den Löffel«. Bürgermeister und andere Obrigkeit ist machtlos. Warum überträgt man die Unterbringung dieser unglücklichen Flüchtlinge nicht den »Partei-Organen«? *Sie* mögen doch geradestehen dafür, *sie* sollen beweisen, dass es das Wort »unmöglich« tatsächlich nicht mehr gibt im deutschen Sprachschatz, seitdem Hitler es so angeordnet hat.

2. 10. 43. Gestern über Mittag habe ich einen kleinen Spaziergang gemacht. Was für ein Friede lag über den sattgrünen Waldwiesen, den fernen Bergen, den umgepflügten Äckern. Vier Rehe traten aus dem Wald, ästen. Plötzlich – – die Tiere hoben die schlanken Köpfe –: ein Brausen in den Lüften!

Nichts war zu sehen. Die Wolken hingen tief. Das Dröhnen schwoll an, donnerte über mich hinweg.

Wo waren diese fliegenden, Tod und Verderben bringenden Gäste wohl gewesen?

Soeben hörte ich es im Radio: München und Wiener Neustadt waren die unglücklichen Empfänger der Spenden aus der Luft gewesen.

5. Nov. 43. Hat nicht der Führer einmal gesagt: »Keiner soll hungern, und keiner soll frieren!« Ich aber friere, denn draußen hat es 2 Grad minus und ich darf kein Feuer machen, da weder Holz noch Kohlen, und hungern tu ich auch. Natürlich »friere« und »hungere« ich bei weitem nicht in dem Maße wie viele, viele andere. Aber das ist ja gerade das Traurige: wie mag es erst anderen ergehen, wenn ich, die ich noch ein Dach überm Kopf habe, keine Kinder, um mit ihnen teilen zu müssen, und ein paar Freunde, die eine Kuh besitzen – schon friere und hungere?

Ich bin an den zerstörten Häusern einer Siedlung vorbeigefahren. Die Menschen äußerten sich über die anglo-amerikanischen »Mordbrenner«.

»Was wollen Sie?«, sagte ein Feldgrauer, der auch in der Straßenbahn mitfuhr, »*C'est la guerre …*«[15]

Dieses mutige Wort hat mich gefreut. – Das deutsche Volk hat bislang unter »Krieg« nur Fanfaren-Geschmetter, Trommelwirbel und wunderbare Meldungen von Einmärschen in anderer Völker Länder verstanden. Nur in anderen Ländern mussten Menschen vor der »sieghaft vorrückenden deutschen Armee« fliehen, in anderen Ländern wurden Gebiete verwüstet, brannten Städte und Dörfer nieder! Und nun?

7.11.43. Ich frage mich oft – und das ist eine quälende Frage –, wie viele von all denen, die heute vorgeben, *gegen* den Nationalsozialismus zu sein, ein jauchzendes »Jubilate« singen würden, wenn der Erfolg noch immer auf seiner Seite sein würde? Sobald ein großes, heilendes Gefühl des Verzeihens in mein Herz einziehen will, dann steigt jäh dieser argwöhnische Gedanke auf und Hass brennt mir in Herz und Hirn.

Mein Mann hat mich getadelt. Ich soll doch um Himmels willen klüger sein als die Nazi-Brut. Er hat Recht. Aber – – ach – – es tut so wohl – so befreiend wohl! –, gelegentlich »Wahrheiten« zu sagen.

Die Zeitungen schreiben von einer großartigen »zeitgewinnenden Art der Abwehr!« Was für ein ungewohnt wahres Wort!

19. 11. 43. Aufgehorcht! Eine neue Tonart! »Frauen mit dicken Bäuchen« sind nicht mehr gefragt von der Partei. Wir sind soweit, dass wir keine unnützen Esser mehr brauchen können, nur noch Arbeitstiere! Der Kreisleiter von H. hat in seiner Rede gesagt: »Und – meine Frauen – wenn eure Männer in Urlaub kommen, so werfet euch nicht auf das Bett und saget: ›Komm, mach mir doch ein Kind!‹ Wir können so viele Frauen mit dicken Bäuchen heute nicht mehr brauchen. Was wir brauchen, ist eure Arbeitskraft. Und weil viel zu viele uns diese nicht zur Verfügung stellen wollen, flüchten sie in die Schwangerschaft.«

So! Wieder einmal müssen diese Burschen eine ihrer Thesen in eine Gegenthese abwandeln. Mit welch brutaler Offenheit sie die heikelsten, privatesten menschlichen Dinge austappen – je nach Bedarf kommandieren: »Antreten zum Kinderzeugen!« Oder: »Kinderzeugen verboten!« Es gibt in Deutschland nur noch »Lenkung«. Wie lange – wie lange noch dürfen diese »Henker« »Lenker« sein?

28. Nov. 43. Nun war unsere Stadt wieder dran. Ich war allein mit meinen zwei Damen. Mein Mann hatte Nachtwache. Ich schäme mich nicht zu gestehen: ich habe sehr gezittert während der furchtbaren Detonationen. Aber ich glaube, da haben noch ganz andere Helden gezittert.

»Gott sei Dank hat wenigstens D. …[16] was Ordentliches abgekriegt«, sagte mein heldischer Nachbar. (Die größte Industrie am Ort.) »Das nenne ich eine vaterländische Einstellung«, antwortete ich. »Wenn die Tommies unsere Industrie umgelegt haben, lohnt sich's nicht mehr, Bomben über unserer Stadt auszulösen«, sagte er, und fügte bei: »Das hält ja kein zivilisierter Mensch aus auf die Dauer! Ich wette: 90% des Volkes denkt so!« Erschrocken über den eigenen Mut fügte er bei: »Natürlich ist das verwerflich, und wie soll der Führer da siegen, wenn die Haltung der Bevölkerung so hündisch ängstlich ist! *Ich* jedenfalls – – ich fahre jedem übern Mund, der Derartiges äußert …«

Ja – – – das ist das »deutsche Wesen«, an dem die »Welt genesen« soll: feig, hündisch, kriecherisch, bereit, den andern aufs Schafott zu bringen, wenn er dadurch sich selbst salvieren kann. Schmerzlich!

Als ich nach dem Angriff vor das Haus trat, bot sich mir ein schaurig-schöner Anblick: Feuer! Feuer! Der Himmel glühte, die Dörfer auf den Höhen über dem Tal brannten, der Schnee um mich herum schimmerte rot und die an sich stockdunkle Nacht war taghell erleuchtet, obwohl alle großen Brände ziemlich weit weg waren.

29. Nov. 43. Folgendes Gespräch habe ich heute in dem kleinen Kaufladen an der Ecke vorn belauscht:

Frau A.: »Ich hörte, Ihr Mann ist in Urlaub gekommen? War er auch so schwer bepackt?«

Frau B.: »Sie machen sich kein Bild! Er hat vom Bahnhof aus telefoniert, dass er da sei, sich aber überhaupt nicht von der Stelle bewegen könne mit seinen Lasten, die er mitgebracht habe …«

Frau A.: »Das ist wohl Beuteware?«

Frau B.: »Ja – – denken Sie: Kleiderstoffe noch und noch! Und sogar zwei Radios hat er geschleppt, der Arme! …«

Und nun wollt ihr vielleicht wissen, woher dieser Urlauber mit seiner »Beuteware« kam? Aus … Italien!

30. Nov. 43. Ich muss noch einmal auf das obige Gespräch zurückkommen. Was mir daran am Erstaunlichsten ist, ist die gänzlich mangelnde Phantasie. Viel weniger die elende Selbstverständlichkeit, mit der wir das Recht in Anspruch nehmen, andere Völker auszurauben. Daran bin ich nachgerade gewöhnt. Aber dass man »5 Minuten vor zwölf« lachend und mit Humor noch solch offenherzige Gespräche führt und sich in keiner Weise vorstellt, wie es wäre, wenn russische, englische, französische, amerikanische Soldaten demnächst aus ihren deutschen Quartieren ihren Heimaturlaub beladen mit »Beuteware« antreten würden? Die widerlich falsch gelehrte »Herrenmoral« ist von dem deutschen Volk aufgesaugt worden, wie das Wasser von einem Schwamm. Da gibt es keine beschönigende Entschuldigung. Es wird eines schmerzvollen Ausquetschens bedürfen nachher.

15. Dez. 43. Mein Nachbar weissagt wieder: Ultimatum an England! Kapitulation innerhalb 24 Stunden oder … England wird in die Luft gesprengt.

29. Dez. 43. Ein beträchtlicher Teil unseres Volkes wird aus verletzter Eitelkeit heraus sich mit der Niederlage nicht abfinden können. Was für eine Herrlichkeit war das doch, da man als »Herrenmensch« seine Tage durchlebte. Nicht wahr, das begann schon in der Morgenfrühe. Bei den lächerlichsten Handlungen war man durchdrungen von diesem Bewusstsein. Wenn man seine Unterhosen, seine Socken anzog, sich rasierte, sich in die Straßenbahn setzte, seiner – wenn auch noch so unbedeutenden Berufsarbeit nachging: alles, alles war überflutet von dem weihevollen Gefühl, ein »Herrenmensch« zu sein. Was für lächerliche Typen von »Herrenmenschen« diese Zeit hervorbrachte! Wunderbare, unwiderstehliche Modelle für Karikaturenzeichner und Lustspieldichter. Und wenn alles Drum und Dran nicht todtraurig, ja entsetzensvoll wäre und so unglaubhaft schaurig: man könnte sich in Lachen verkriechen!

Es scheint mir tiefen Nachdenkens wert zu sein, wie etwa nachher die verletzte deutsche Eitelkeit sublimiert werden könnte, und wie eine möglichst große Zahl der damit Behafteten trotzdem dem Lager der nützlichen, aufbauwilligen, den Idealen der Gewalt abschwörenden Deutschen zuzuführen wäre.

31. 12. 43. Ich habe einer alten befreundeten Dame folgenderweise zum Neuen Jahr gratuliert: »... dass Sie gesund bleiben, nicht von Bomben zerfetzt werden, Ihr Dach behalten, Ihr Bett, Ihre Wärmflasche, und ... Ihren Nachttopf!«

Lächerlich? Nicht so sehr. Was tut eine alte Dame ohne diese Requisiten? Sie sind heute unersetzlich, nirgends mehr zu kaufen.

Aus einem Brief:

> »... Dann hört man munkeln, dass noch Anfang Januar die ›Vergeltung‹ käme! Und dann – – dann natürlich wieder die ›Vergeltung‹ der anderen an uns verabreicht! Wehe über uns! Denke Dir: Dieter – fünfzehneinhalb Jahre alt – muss zu den Luftwaffenhelfern einrücken! Die Jungen und die Alten, alle werden geopfert! Mein Hass kennt keine Grenzen! Hast du die ›Weihnachtsansprache‹ gehört? Die Opfer sollen sich ja ›lohnen‹! Also: weiter opfern! Dass sich noch mehr ›lohnt‹.«

1944

Neujahr 1944. Ein neues Jahr! *Das* neue Jahr, das uns den Frieden und menschenwürdige Ideale zurückbringen wird. Dieser Gedanke soll mir immer helfen, dann, wenn die Leiden jene furchtbare Steigerung erfahren, die sie erfahren *müssen*, soll der Friede wieder einmal kommen.

Jemand sagte zum Herrn Apotheker: »Was soll das endlose Geschwätz in den Zeitungen über die ›Vergeltung‹? Warum haut man nicht kurzerhand England zusammen? Was sollen die ewigen Drohungen?«

»Das hat seinen guten Grund: man bezweckt damit, die Gegner aus Angst zu einer völkerrechtswidrigen Kriegsführung zu zwingen, die uns dann das moralische Recht geben würde, unsere furchtbare Waffe anzuwenden.« »Giftgas?«, frage ich.

Colin Roß[17]! Er veröffentlicht einen meterlangen Artikel unter dem Titel »Prognose und Parole«! Was sagt er dem deutschen Volk? Der Menschheit?

1. Er ist fanatisch begeistert vom »Führer«, von »der Seelengröße« und dem »Todesmut« des deutschen Volkes.
2. Selbstverständlich ist er überzeugt vom deutschen Sieg.
3. Die durch diesen Krieg geschaffene Weltordnung wird für eine lange Zeit gültig bleiben.
4. Wir (Deutschland und alles, was sich heute dazu rechnet) glauben nicht nur an unseren Sieg, sondern – im Gegensatz zu unseren ruchlosen Feinden – auch noch an die »Vorsehung«.
5. Der Führer hat im Gegensatz zu unseren Gegnern nie Pläne über das Nachkriegseuropa in die Welt hinausposaunt. (Pläne? Nein, das sicher nicht. Er hat nur hysterisch gebrüllt,

dass das »Herrenvolk« die »Neue Ordnung« durch ihre Besatzungsmethoden in den »befreiten Räumen« Europas »sichern« werden).

6. Colin Roß stellt fest: »Weltpolitische Prognose ist möglich«, sagt aber einige Zeilen weiter unten: »Man muss sich klar sein, dass alle menschliche Vorausschau im Irrationalen endet … Nichts steht fest. Alles ist möglich!« (Gottlob ist »alles« möglich, sogar, dass »die neue Ordnung« weggefegt werden wird von der Erde.)
7. »Möglich ist (nach Colin Roß) eine zweite Sintflut, die die Menschen nicht im Wasser, sondern im *Blut* ertränkt! Und dafür brauchen wir ein starkes Herz!«

Was für eine liebliche Neujahrsbotschaft, Colin Roß! Sie wollen Dichter sein? Ihr »starkes Herz« ist eisern, tot, hart, sonst würden Sie es nicht über sich vermögen, diese Prognose zu stellen und das Geschehen von heute zu verherrlichen! Wie viel wurde Ihnen von Herrn Goebbels bezahlt dafür, dass Sie so große Worte gefunden haben, um »es« seinem »Kinde«, nämlich dem deutschen Volk, zu sagen? Dass es eine Sintflut von Blut zu durchwaten haben werde, und dass es auch dabei das so oft bewährte »starke Herz« wieder rühmlich in Erscheinung treten zu lassen habe.

12. Jan. 44. Man erzählte mir: dieser Tage habe man *die* Juden weggeschafft, die zwar arisch verheiratet seien, deren Ehepartner jedoch gestorben oder deren Ehe geschieden sei. Man habe ihnen 20 Minuten Zeit gelassen zum Packen. Dann ging es fort in stockdunkler Nacht. Angeblich nach *Theresienstadt.*[18]

Mein Gesicht brennt vor Scham und Zorn.

19. Jan. 44. Das kleine polnische Knechtlein eines Erbhofbauern flüstert mir zu: »Krieg bald aus, Frau. Meisterin gibt mir großes Wurststück!« Seine Augen strahlen. Er folgert zweifellos richtig, nämlich: die Bäuerin glaubt nicht mehr an den deutschen Endsieg, sie knüpft darum schon jetzt »diplomatische Beziehungen« zum ehemaligen Gegner an. Seht, seht! »Frauen sind doch bessere Diplomaten«!

20.1.44. Immer wieder grüble ich über das Rätsel, das mein Volk mir aufgibt. Wenn die Verbrechen wahr sind, die man uns zur Last legt: *wie* konnte das möglich sein? Waren nicht viele der Missetäter in ihrer Jugend von Entsetzen ergriffen, als sie die grausigen Untaten eines Nero lasen? Und heute? Ist es möglich, dass ein ganzes Volk wahnsinnig werden kann? Gibt es einen Kollektiv-Wahnsinn? Ich bin in einer furchtbaren seelischen Depression: ich kann keinem Soldaten mehr ins Gesicht blicken, ohne mich zu fragen: »War er … vielleicht auch dabei?« Dabei, als man Polinnen und ihre Kinder erschoss, als man Lidice[19] vernichtete, war er in Oradour[20]? In Amsterdam[21]? Ach – – Gott sei mir gnädig! Ich versinke in Trübsinn.

Und die Frauenschaftsleiterinnen? Da sieht man hübsche Wesen, blauäugig, keine Spur von »Megäre« an sich. Aber – – – sie vertreten die Sache ihres »Führers«, als ob sie für einen Heiligen stritten! Deutschland hat den Psychologen, Psycho-Analytikern, Psycho-Therapeuten für Jahrzehnte hinaus »Material« geliefert, aus dem sich neue »Sätze« ableiten und beweisen lassen.

22.1.44 Zwei Damen aus meinem Bekanntenkreis erzählten mir gestern: »Mein Mann fuhr letzte Woche in der Bahn, Strecke Paris–Wien. Zwei Herren setzten sich ihm gegenüber. Bald fingen diese beiden an, lästerlich über Hitler und Göring zu schimpfen. Mein Mann beherrschte sich. Schließlich sagte er: ›Meine Herren, ich muss Sie bitten, dieses Thema fallen zu lassen. Ich bin Offizier und würde die Pflicht haben …‹

Da wendeten die beiden ihren Rockaufschlag um und zeigten ihr Abzeichen: ›Geheime Staatspolizei‹. Sie sagten: »Mein lieber Freund, es war höchste Zeit, dass Sie sich unsere Schimpfkanonade verbeten haben! Noch *eine* Minute länger, und wir würden unsererseits Sie an Ihre Pflicht erinnert haben! Und zwar unmissverständlich!« Sie standen auf und suchten sich im Abteil nebenan ihr nächstes »Versuchsobjekt«.

5. Febr. 44. In einem kunstgewerblichen Geschäft hängen Brandmalereien, Hitlersprüche und Derartiges zum Verkauf. Ein fragender Blick auf die Geschäftsfrau veranlasst diese zu der Antwort: »Es will sie niemand …« »Ach?«, frage ich lakonisch. »Saison vorüber?«

Wir blicken uns an, lächeln, verstehen uns.

12. Febr. 44. Es gibt Menschen, die grob und rücksichtlos sind im Austeilen von Püffen, aber wie ein schalloses Ei, wenn jemand versucht, seinerseits ihnen eines zu versetzen. Genauso scheint es mit Völkern zu sein. Jedenfalls liefert Deutschland ein klassisches Beispiel dafür: es springt mit anderen Völkern um, als hätten diese überhaupt kein Organ, körperliche Leiden wahrzunehmen, noch, als besäßen sie eine empfindsame Seele noch einen regen Geist. Aber wehe, wenn die von uns Geprügelten versuchen, zurückzuschlagen! Was für eine unerhörte Demütigung! Was für ein Zeter und Mordio!

Aus dem Brief meiner Tochter Ludowike: (Lehrerin)

»Heute wurde uns eine aufschlussreiche politische Schulung verabreicht durch den Schulleiter: Der ganze Unterricht muss politisch sein, auf keinen Fall objektiv, sondern völkisch subjektiv. Das Christentum ist unbedingt abzulehnen als rassisch nicht gemäß. Die Juden sind nicht objektiv zu verurteilen, sondern subjektiv vom rassischen Instinkt her. Wenn wir die Jugend in jeder Stunde so schulen und diesen Geist ins Volk tragen, werden und müssen wir siegen!«

Armes Deutschland!

22.2.44. Aus der Zeitung:

»Immer einfacher wird unser Dasein! Immer leichter wird unser Marschgepäck!«

So etwas wagen diese Burschen zu schreiben nach dem schweren Angriff auf unsere Stadt! Wo das Leben so »einfach« geworden ist, dass man weder Licht noch Gas, noch Wasser, noch Fenster, noch Türen noch … Ach Gott!

In die Fresse möchte ich diesem frivolen Lausbuben eines hauen! Und dann aufs Schafott mit mir! Das Leben hat ja doch keinen, keinen Sinn mehr.

12.3.44. Eine Ewigkeit, seit ich nichts mehr eingeschrieben habe! Aber das Leben, das immer »einfacher« wird, hat mich beinahe ganz verlassen. Und heute – zwei Wochen nach jener Höllennacht, erscheint es mir noch immer nicht Wirklichkeit zu sein, dass ich tatsächlich noch lebe. SSSS – – bum! SSSS – – bum! So pfiff es um unser liebes armes Häusle. Scheiben prasselten, Steine polterten, Türen stürzten, Baumstämme sausten durch die Luft, schlugen auf das Dach, Brandgeruch, Rauch, Staubwolken! Brausen, Zischen, Prasseln … Woher? Was war es? FFFF! Eine Luftmine! Platt auf die Erde liegen! Vorbei. Wir leben noch in unserem windigen Kellerchen! Schon pfeift die nächste! Herr erbarme dich unser!

30.3.44. Die sechzehnjährigen Jungen des ganzen Kreises wurden in der Turnhalle versammelt, um sie für die SS anzuwerben. Alles wurde ihnen an Drohungen und Versprechungen verabreicht. Beispiel: Kein Mädchen würde sie mehr angucken, jede werde voller Verachtung ausspucken vor all denen, die sich nicht zur SS melden. Daraufhin traten 30 Burschen vor. Das aber war eine viel zu kleine Zahl. Die Menschenbeitreiber rasten. Wenn nicht sofort ein Mehrfaches an freiwilligen Anmeldungen erfolge, werde man sich zu helfen wissen, drohten sie.

Aber auch die »Hammelherde« wusste sich zu helfen. Wenigstens teilweise. Auffallend viele mussten plötzlich »austreten«. Sie traten buchstäblich aus, d. h. sie nahmen den Weg durch das Abortfenster ins Freie, in die Freiheit!

Wackere Buben.

25.4.44. Wie soll das weitergehen? Nachts aus den Betten, Stunden frierend und zitternd in den Kellern, tagsüber Alarm, Alarm! Ein Alarm folgt dem anderen. Wann soll der Bauer arbeiten? Die Fabriken produzieren? Die Arbeiter die notwendige Ruhe finden? Wer wird sich seine Gesundheit wenigstens insoweit erhalten können, dass er Kraft hat, *nachher* noch mitzuarbeiten. Alles hört auf, nur der Krieg geht weiter. Wenn es nach Hitler ginge, würden alle Wohnstätten zerstört werden, das Volk würde wie weiland die Nomaden durch die Welt zigeunern. Ich schlafe nachts auf dem Land, fahre aber jeden Morgen heim. So kann ich doch wenigstens BBC oder »Die Stimme Amerikas« hören. Da war dieser Tage gesagt worden, dass die Völker der von Deutschen besetzten Gebiete viel aktiver seien in der Hitlerabwehr als wir in Deutschland. Das mag stimmen. Aber man muss dabei bedenken, dass diese Menschen einander trauen können, sie sind unter sich einig in der Abwehr des Hitlerregimes, während es bei uns heißt: »… und traue keiner Wand«. Der Bruder verrät den Bruder, der Sohn den Vater, der Freund den Freund. Das ist eine zusätzliche schreckliche Bilanz der seelischen Verwüstungen, die Hitler unserem Volk zugefügt hat.

26.4.44. Heute Gespräch zweier Offiziere belauscht. Sie schwärmten von den herrlichen Zeiten vor einem Jahrzehnt, wo sie angetan mit weißen Hosen, langem Säbel, umjubelt und gehätschelt von den schönsten Frauen das Wiedererstehen der deutschen Wehrmacht zu Glanz und Herrlichkeit miterlebt und die köstlichsten Liebesabenteuer ihnen ein unerhörtes Selbstgefühl gaben. Heute nach zehn Jahren werden sie wieder in diese Stadt kommen und die und jene hübsche Frau aufsuchen. Beunruhigung sei unnötig, die Ehemänner derselben seien, weiß Gott wo – an der Front!

Ich hoffe, die »hübschen Frauen« haben diesen Maulhelden die richtige Abfuhr erteilt.

26.4.44. *In der Straßenbahn.* Eine Frau regte sich über eine ungepflegte Fremdarbeiterin (Französin) auf. Sofort fuhren ihr zwei andere deutsche Frauen über den Mund: »Diese Mädchen haben 72 Stunden Fabrikarbeit in der Woche, Unterkunft in Baracken, keine Wäsche, Stroh zum Schlafen! In keiner Weise sei für diese Mädchen gesorgt. Keine Unterkleidung! Beispielsweise die Russinnen! Wenn diese Mädchen an Bauten arbeiten, die Leiter hinaufsteigen müssen, dann stehe bestimmt ein Schweinigel von einem deutschen Mann unten hin und schiele hinauf. Warum man diesen Frauen keine Unterwäsche gebe?«

»Weil nichts da ist, meine Liebe!«, sagte die andere. »Man lässt sie schuften und verrecken!« Nur den Mund nicht so voll nehmen von wegen »deutscher Sauberkeit«!

»Wie wohl *wir* aussehen werden, wenn wir einmal in Russland Steine klopfen müssen? Haben Sie sich das schon vorgestellt, wie? Das kann uns nämlich auch noch blühen ...«, fiel die erste wieder ins Gespräch.

Die – die sich über die Unsauberkeit der Französin aufgeregt hatte, war wie vor den Kopf geschlagen. »Aber – – aber – – warum sorgt das Reich nicht besser? Sie sollen dann doch die Frauen in ihrer Heimat lassen, wenn sie bei uns so elend dran sind ...«

Gewiss, das sollten »sie«. Aber »sie brauchen Sklaven«.

Bemerkenswert an diesem kleinen Erlebnis ist:

a) Die Unterhaltung wurde in der Straßenbahn geführt.

b) Deutsche Frauen bekommen Mut. Sie verschmähen es, ihr Gewissen weiterhin einlullen zu lassen. Welch ein Lichtblick!

Hoffentlich geht es nicht allzu vielen von uns so, wie jener Frau in einem Nachbarstädtchen: als bei der letzten Hitlerrede alle Fenster weit geöffnet waren und aus jedem Haus das Geschrei dieses hysterischen Mannes quoll und kein Entrinnen war, hielt sie sich die Ohren zu und ging so ihres Weges. Aber nicht mehr weit. Man packte sie, verhaftete sie, schaffte sie weg. Wohin? Ich habe es nicht erfahren können, aber es lässt sich ohne allzu großen Aufwand an Phantasie denken.

28. Mai 44. »Unstet und flüchtig« ist mein Leben. Ich finde in vielen Wochen keine Minute, um Erlebnisse oder Eindrücke einzuschreiben. Dieses große, dieses ungeheure Warten auf die Erlösung zehrt mich auf. Außerdem: immer sind alle Türen offen. Wegen Alarm und Hilfesuchenden. Ich kann keine Zeile liegen lassen, keine Minute weggehen, ohne die Blätter nicht hinter Kartoffeln oder Kohlen zu verstecken.

29. Mai 44. Noch immer keine Invasion! Wie lange, lange noch!

4. 6. 44. Vorgestern wurden die Fünfzehnjährigen gemustert. Sie werden *alle* gezwungen, eine Bewerbung um die Einreihung in die SS zu unterschreiben. Um die Widerspenstigen gefügiger zu machen, wurde ihnen erklärt: sie würden zur SS erst im Jahr 1947 eingezogen, während sie zu den anderen Waffengattungen schon 1945 herangezogen werden könnten.

Eine Frau, Bäuerin, deren fünfzehnjähriger Junge auch zu den »Bevorzugten« gehört, die aber eine heftige Gegnerin Hitlers ist, schrie auf der Dorfstraße: »Sie sollen doch mein Fritzle auch gleich holen! Dann *haben* sie ihn!« (Fritzle ist 4 Jahre alt)

5. 6. 44. Wie wird alles werden? Ich weiß nur das Eine: Furchtbares wartet auf uns. Das Schlimmste werden vermutlich nicht die Fremd-Heere sein, die in unser Land einströmen werden. Vielmehr:

a) die amtlichen und nichtamtlichen Gestapo-Leute. Jedermann wird ja täglich durch Presse und Rundfunk aufgefordert, zu denunzieren, Ungläubige (an den Sieg) oder Schwache »auszumerzen«, jedem wird das Recht gegeben, jeden um die Ecke zu bringen, von dem er annimmt, dass er am deutschen Sieg zweifelt. Die Guillotine, jetzt schon im Hochbetrieb, wird heiß laufen.
b) sind da die Millionen Ausländer. Ich möchte nach dem Zusammenbruch keinem dieser ins Reich geholten Sklaven begegnen.

Was wohl an den Zeitungsmeldungen und an Berichten und Gerüchten Wahres ist, nach denen anglo-amerikanische Flieger Passanten beschießen, Ausflügler, Autos, Bauern auf dem Feld?

Heute Nacht Alarm! In einem Bunker unten in der Stadt gewesen. Was für eine gespenstische Angelegenheit, die hastenden Menschen mit Rucksäcken, Koffern, Krankenstühlen, die sich zum Eingang drängen. Wie sie sich – ein grauer Strom des Elends, der Verzweiflung – ins Erdinnere ergießen! Wie sie in der Halle sitzen, menschgewordene Angst! Wie sie, in sich zusammengesunken, stöhnen beim Pfeifen und Bersten der Bomben! Stolze deutsche Haltung? Winzig, vergrämt, aschgrau, zertreten sitzen sie alle, die deutschen Heldenmänner und Heldenfrauen, deren Herzen bei den Goebbels'schen Fanfaren in jauchzendem Takt schlugen, und die auf seine hysterische Frage im Berliner Sportpalast »Wollt ihr den totalen Krieg?« ein jubilierendes »Ja« in die Welt hinausschmetterten. Man hat dieses »Ja« gehört, und man hat den Wunsch des deutschen Volkes erfüllt. Wir *haben* den totalen Krieg! Und noch immer – so fürchte ich – ist es des Leides und Leidens nicht genug.

6. Juni 44. So soll es wahr werden? Die Invasion habe begonnen! Wirklich und tatsächlich wahr? Ich bin ganz aufgelöst. Ich bete, bete, bete!

27. 6. 44. Meine Stimmung schwankt zwischen höchster Glückseligkeit und mutloser Traurigkeit, ja Verzweiflung. Glückseligkeit, weil ich zuweilen ganz, ganz bestimmt hoffe, ja glaube, dass dieses Entsetzen demnächst ein Ende nehmen werde, und dass ich dann alle meine Lieben – »alle meine Lieben!« – was für ein Wort! wieder werde um mich versammeln können, alle bereit, eifervoll ihr Teil dazu beizutragen, dass die Menschheit nie mehr, – NIE MEHR! Von einem solchen Wahnsinn erfasst werde. Verzweiflung aber, wenn in der nächsten Minute die Angst über Gehirn und Seele kriecht: Wer weiß, ob nicht mein Mann, der Freund meines Lebens, ob nicht das eine oder andere meiner guten, so sehr geliebten Kinder von diesem Moloch doch noch verschlungen wird.

27. 6. 44. Mit einem Stabszahlmeister längere Unterhaltung gehabt. Er wollte wissen, wann der Krieg ausgehe. Das müsse *er* besser wissen als ich, antwortete ich und fragte ihn dagegen nach V 2.[22] »Ist das Giftgas?« Er tat, als wisse er es nicht, und wenn er etwas wüsste, würde er es als guter Deutscher nicht sagen, und außerdem stehe ja Todesstrafe darauf. Ich vertrat die Auffassung, dass es entsetzlich wäre, wenn tatsächlich noch Giftgas angewendet würde. Er jedoch fand es ganz in Ordnung. »Wenn schon verreckt werden muss, dann noch lieber *die*, als wir.« Er bezweifelte, »dass unsere Gegner dank ihrer Luftüberlegenheit unsere Städte vergessen könnten …« »Erstens«, so meinte er, »diese Luftüberlegenheit brauchen sie ja nicht für alle Zeit zu haben. Sie haben sie nur augenblicklich, weil unsere U-Boote nicht genügend versenken konnten. Aber das kann morgen schon anders sein. Und alles, was wir auf den Meeresgrund schicken, schadet uns nicht mehr …«

Ob er positive Gründe habe für die Annahme, dass unsere U-Boote wieder in Schwung kommen? Er zuckte die Achseln.

Aber er meint: »Mit der Tatsache, dass viele Hunderttausende auch in der Heimat vielleicht den Gastod sterben müssen, müssen wir uns abfinden.« »*Ich glaube an den Sieg!*«, brüllte er hysterisch und sah mich böse und heimtückisch an, weil er offenbar den Eindruck hatte, dass ich diesen Glauben durchaus nicht habe. »Und wenn die Meisten sterben müssen dafür, so kann dann doch der Rest noch leben!«, schrie er. »Sie müssen sich klar sein: wir bekommen dieses Mal keinen Frieden mehr wie 1918. Wir *müssen* den Krieg gewinnen.«

– – Da haben wir's. Der Friede von Versailles war – wenn man auch nur eine Sekunde ehrlich ist – ein *milder* Friede! Und doch! Hat man nicht mit diesem »Schandvertrag von Versailles« das deutsche Volk zu Rache und neuem Krieg aufgeputscht! Was für ein phantasieloses, denkfaules, irregeleitetes Volk sind wir doch!

28. 6. 44. Ich sagte zu einem jungen Mädchen, geistiger Typus: »Wir haben den Kriegsschauplatz noch nicht im Land, insofern kann es noch schlimmer kommen, können noch ganz andere Leiden auf uns warten.« Da lachte der junge Mensch hellauf und sagte: Kriegsschauplatz? »Daran habe ich wirklich noch nie gedacht!«

29. 6. 44. Es ist ein beklemmender Anblick: auf allen Bahnhöfen, an allen Gleisen, überall, wo es schwer ist zu graben und zu schleppen, sind Sklaven und Sklavinnen aus aller Herren Länder.

Wenn jemand argumentiert: »Wir *müssen* siegen, weil uns die Russen sonst als Sklaven nach Sibirien oder zum Wiederaufbau nach Russland verschleppen«, so kann ich nicht umhin zu antworten: »Es wäre schrecklich, wenn sie sich ein Beispiel an uns nähmen und Gleiches mit Gleichem vergälten. Millionen deutscher Männer und Frauen müssten dann im Osten, in Frankreich, in Belgien, in Holland, in Norwegen frönen.«

Das ist eine gefährliche Antwort, aber ich *kann* es nicht lassen, den »Helden« bei solcher Gelegenheit den Spiegel vorzuhalten.

30. 6. 44. Der Herr Apotheker hat wieder strategische Gedanken entwickelt. »Die Engländer und Amerikaner werfen wir ›demnächst‹ vom Kontinent, ja, wir boxen sie überhaupt hinaus aus dem Krieg …«

»Und nachher?«

»Nachher? Nun, da werfen wir die 250 Divisionen, die im Westen stehen, an die Ostfront. Gelacht, wenn die Russen nicht liefen, als ob Motoren in ihre Sohlen eingebaut wären …«

Es wird mir physisch übel, wenn ich diesen Schwätzer höre. Ihm aber ist so »kannibalisch wohl«, denn der Faulpelz hat fast nichts zu arbeiten, riskiert aber zur Tarnung immer eine große

Lippe über die »Faulenzer« und (so wehleidig er selbst ist!) über die »Waschlappen« und »Weichlinge«. Ich bin wirklich begierig, wann der Tag gekommen sein wird, an dem dieser Gläubigste aller Gläubigen, dieser Hörigste aller Hörigen, dieser Eitelste aller Eitlen, dieser Mann mit dem besten *und* dem schlechtesten Gedächtnis endgültig aufhören wird, an den Sieg zu glauben und geschwollene Töne zu reden!

5.7.44. Pakete werden nicht mehr zugestellt! Der Eisenbahnverkehr ist eingeschränkt! Omnibusse verkehren fast keine mehr. Will man eine Zahnbürste, einen Kamm, einen Nachttopf, ein Paar Schnürsenkel: so fragte der Verkäufer: »Sind Sie fliegergeschädigt?« Und wenn Sie nicht in der »glücklichen« Lage sind, Ihren diesbezüglichen Ausweis vorzeigen zu können, dann ... nichts zu machen. Zähne putzen, nachts mal auf den Topf gehen, die Schuhe schnüren: Luxus, der nur Fliegergeschädigten zugebilligt werden kann.

6.7.44. Die Zeitungen zetern, der Radio schreit Mordio, und die Frau Apotheker ist zutiefst empört. Warum? Weil England nach »Vergeltung für die Vergeltung« ruft. Solch eine himmelschreiende, nein: bodenlose Unverschämtheit! *Wir* hatten das Recht, ja die moralische Pflicht, England für seine Bombenangriffe zu züchtigen, Vergeltung für die Bombenangriffe zu üben, die als »Vergeltung« für die im Jahre 1940/41 von uns auf England geworfenen Bomben ausgeführt wurden. Und nun erdreistet sich England bereits wieder und ruft nach Vergeltung für die Vergeltung der Vergeltung! (Ich bin schon ganz konfus. Aber ich glaube: es ist logisch richtig, nicht?)

6.7.44. Wir haben V 1, V 2, V 3, V 4! Heureka! Da soll's noch fehlen! Der Herr Apotheker geht mit gewölbter Brust. (Allerdings hing das Hemdenzipfelchen ostentativ zur grünen

Sporthose heraus, also: vorn ein Held, hinten ein … was?) »Selbstverständlich werden unsere U-Boote alle ausfahren und den Nachschub aus Amerika gründlich unterbinden, selbstverständlich haben wir auch sonst noch allerlei geheime Sachen« (der Apotheker zwinkert schlau und wissend), selbstverständlich stehen »demnächst« Tausende von Flugzeugen bereit, wenn es vollends gelungen ist, alle englischen Soldaten auf das Festland zu locken (!!!), und selbstverständlich usf. usf.

»Ich will mir Mühe geben, zu glauben, was Sie da erzählen …«, antwortete ich kleinlaut.

»Ja – –«, fiel seine Frau munter ein. »Do geht's noch a wie beim Magnetopathen. Dort steht auch an der Wand: ›Glaube, so wirst du gesund!‹ – Also: Glaub'n mr's halt!«

9.7.44. Dr. Goebbels fordert, »dass jeder Deutsche *den weit reduzierten* Lebensstandard in den Luftnotgebieten zum Maßstab seiner eigenen Lebensführung mache«.

Also: wer noch ein Bett hat, darf nicht mehr drin schlafen, wer noch ein Bad hat, nicht mehr drin baden, wer noch eine Küche hat, einen Löffel, ein Messer, eine Gabel, einen Nachttopf: alles darf er nicht mehr benützen, um den Neid der wahrhaft »besitzlosen Klassen« nicht zu reizen.

9.7.44. Schlagzeile in der Zeitung:

»Die Transportlage verlangt eine weitere Rationalisierung«

Warum sagen sie denn nicht gleich: »Die Terrorangriffe auf unsere Treibstoffversorgung waren zwar völlig erfolglos, aber – – wir haben trotzdem leider keine Fabriken mehr für die Herstellung von Benzin!«

22.7.44. »In Giftgas sind wir nämlich absolut führend«, erklärte mir der Herr Apotheker stolz, und die Frau Apotheker fügte bei: »Denken's doch, da *muss* was g'schehen! Wir können doch die Russen nöt reinlassen!«

29.7.44. Was für Tage – – – nein: was für Nächte liegen hinter mir! Nahezu vier Monate lang bin ich eisern alle Abend aus der Stadt hinausgefahren, um in einem kleinen Bauerndorf zu schlafen. Und ausgerechnet diese beiden ersten fürchterlichen Angriffsnächte bin ich hiergeblieben. Nein, jetzt habe ich nicht die Kraft, das Inferno zu schildern.

2.8.44. Tagesbefehl Himmlers! Absage an den »verfluchten Etappengeist«!

> »Ich fordere, dass in Garnisonen und Stäben Tag für Tag zumindest solange ausgebildet, Dienst und Pflicht erfüllt wird, solange der Rüstungsarbeiter in seiner Fabrik arbeitet … Ich befehle – – – ich befehle – – – ich befehle – – –« Ach ja! Was gibt es nicht, das man den deutschen Schafen *nicht* befehlen kann.

7.8.44. NEID! Übergroß geschrieben! Das ist das tatsächlich *das* Gefühl, das alle und alles beherrscht. Neid, wenn einer die Möglichkeit hat, die Nächte außerhalb der Stadt zu verbringen, Neid, wenn einer infolge irgendwelcher glücklichen Umstände einem Angriff entgeht, Neid, wenn einer nur für eine Stunde zum Arbeiten am Bunker kommt, Neid, wenn jemand noch seine Schuhe binden, seine Unterwäsche mit einem neuen Gummiband versehen kann, noch einen Bleistift hat, zum Schreiben, einen Kamm, ein wenig Seife, Neid, natürlich aufs Essen! Unverhüllter, allerhässlichster, derbster Neid, wo man geht und steht. Es ist, als lebe man, argwöhnisch bewacht, in einem Käfig voller Raubtiere: jedes ist bereit zuzuschnappen, wenn man auch nur die geringste Bewegung macht, die der liebe Nachbar aus irgendwelchen Gründen nicht auch machen kann. Das Leben wird zur Hölle und bald wird es soweit sein, dass der Kampf aller gegen alle die fürchterlichsten Formen angenommen haben wird.

11.9.44. Soldaten im Zug! Sie kommen vom Süden der Westfront. Köstlich, wie sie das gepolsterte Abteil genießen. Wie Kinder hüpfen sie mit den Popos auf und ab. Sie drehen die Fenster zu, auf, zu. Bloß aus kindischer Verwunderung, dass überhaupt noch etwas funktioniert. »Ist ja sonst alles Scheiße! Alles hin und kapporesko!« Man hört ein Flugzeug. Sie linsen hinauf an den Himmel. »Ah, schau mal an! Zufällig mal eins von uns! Wir dachten, es gibt überhaupt keine mehr!« Und sie erzählen, dass sie von der spanischen Grenze kommen, und dass sie jetzt das erste deutsche Flugzeug sehen während der ganzen Reise. Sie unterhalten sich über ihren Vorgesetzten, wiederholen dessen Kraftsprüche vom »Kämpfen bis zur letzten Granate« und lachen überlaut darüber, dass dieser tapfere Kämpe mit gutem Beispiel vorangegangen ist --- in die --- englische Gefangenschaft. Die Burschen sind lustig und freuen sich, ein paar Tage Urlaub zu haben, sich unter die elterlichen Obstbäume flegeln und einmal wieder sattessen zu dürfen.

25.9.44. Eine lange Pause in diesen Aufzeichnungen. Wie viel Erleben liegt in dieser »Pause«. Wie viel Qual, Jammer, Sorge und – Scham. Mit schamerfülltem Spießrutenlaufen beginnt der Tag. D.h.: er beginnt beim Aussteigen aus dem überfüllten Zug, der nun wieder in den zerstörten Bahnhof unserer Stadt einfahren kann. »Überfüllter« Zug? Wie Trauben hängen die Reisenden außen an den vollgepfropften Wagen. Auf dem Bahnsteig stehen Tausende, die wieder einsteigen und aus der

Stadt hinausgebracht werden wollen. Zwischen Reisenden entbrennt täglich ein Kampf aller gegen alle. Platz im Zug bekommt in der Regel nur der, der sich »deutsch« benimmt, d. h. mit Ellenbogen und unverschämtem Mundwerk darum kämpft und die Fähigkeit hat, alles niederzutrampeln, was sich ihm in den Weg stellt.

Zwischen diesen Menschenknäueln aber stehen Formationen französischer und russischer Gefangener und viele ausländische Zivilarbeiter. Freude liegt auf ihren Gesichtern, ein Zug der Genugtuung, der unbeschreiblich ist. »Nun werden sie ausgeladen, die deutschen Schweine«, rief ein französischer Gefangener seinen Kameraden in der Sprache seines Landes zu. Schnauben, Entrüstung, starke Worte meiner männlichen Nachbarn beim Aussteigen. Sicher werden sie den Franzosen der »gerechten Strafe« zuführen, dachte ich. Weit gefehlt! Die »starken Worte« wechselten sie nur unter sich. Ausgestiegen machten sie sich so schnell als möglich aus dem Staub, froh, den schadenfrohen Blicken und Bemerkungen der Franzosen zu entkommen.

Aber das Spießrutenlaufen ist damit noch nicht zu Ende. Die Straßen liegen ja alle voll mit Trümmern, und überall grubeln die armen, elend aussehenden Ostarbeiterinnen und die kleinen schmächtigen Russenbuben Backsteine aus dem Schutt, reinigen sie, schichten sie auf. Wie ich mich schäme! Barfuß, bleichgesichtig, in windigen zerfetzten Röcken arbeiten diese Sklaven und blicken die Vorüberhastenden aus hohlen Augen an. Möchten sie wissen, ob sie jemals ihre Heimat wiedersehen werden? Was wird man mit ihnen beginnen, wenn die feindlichen Heere einmarschieren werden?

4.10.44. O wie ist es kalt geworden …! Sturm, Kälte, Nässe! Und doch täglich viele Male Alarm. Alarm und Angst und das Ekel erregende Erleben »deutscher Volksgemeinschaft«. Im

Stollen gönnt keiner dem anderen das bisschen Luft, geschweige denn einen verhältnismäßig ordentlichen Platz. Jeder und jede ist so gereizt, dass alles objektive Denkvermögen aufhört. Man hasst! Hasst gründlich! Und weil man den oder die Schuldigen an all dieser Qual nicht bei der Hand hat, so hasst man kurzweg den, der einem gerade über den Weg läuft. Mit zuverlässigen Freunden bespricht man zwar flüsternd die Lage, und was zu tun wäre, wenn die Front ins nahe Tal rücken würde. Es besteht jedoch keinerlei Neigung, Haus und Herd zu verlassen, selbst, wenn dieses »Haus« nur noch eine Kellerhöhle und der »Herd« ein aufgeschichteter Backsteinhaufen ist.

9.10.44. An den Häuserresten unserer Stadt stehen meist mit Kreide die neuen Anschriften der Ausgebombten angeschrieben oder die der unter den Trümmern Begrabenen. Zuweilen liest man: »Alles tot! Heil Hitler!«

12.10.44. Müde werden? Nein: müde werden gilt nicht, denn »Müde Gewordene« bleiben allzu leicht auf der Strecke liegen. Und das will ich nicht, will ich nicht, will ich nicht! Ich will vollends durchhalten, will den Ausgang aus dem finsteren Tal noch erreichen.

Will sich etwas wie »Revolution« tun bei uns? Die Sache ist die: alle Frauen, die nicht berufstätig sind, sollen fort. Ihre Wohnungen sollen den berufstätigen Ausgebombten gegeben werden. Hier waren nun gestern 120 Frauen auf die Partei bestellt: geschlossen haben sie sich geweigert. Man drohte ihnen mit Entziehung der Lebensmittelkarten. »Gut«, sagten sie, »dann werden wir stehlen. Wir werden Umzüge veranstalten, wir werden unseren Männern ins Feld schreiben, die, weiß Gott, doch nicht deshalb Jahr um Jahr das furchtbarste Leben ertragen, dass man in der Heimat ihre Frauen und Kinder wie räudige Hunde aus ihrem schützenden Daheim verjage!«

Werden Weiber zu Hyänen? Nimmt die dem deutschen Volk so gänzlich abhanden gekommene »Zivil-Courage« bei den Frauen wieder ihren Anfang? Werden die Männer die entsprechenden Briefe ihrer Familie wirklich bekommen oder wird die Zensur sich ihrer freundlicherweise annehmen? Wird man ein Dutzend dieser Frauen an die Wand stellen und so nach wohl bewährter Weise die »Ordnung« wiederherstellen?

14.10.44. Ein gefährliches Leben! Man wacht auf in der Nacht an einer Detonation, hört Flugzeug-Geräusch und erfährt durch den Radio die beruhigende Mitteilung, dass »nur« 8–10 feindliche Flugzeuge sich über unserer Stadt vergnügen. Alarm? Wegen so einer »Lappalie«?

Dasselbe ist es am Tage. Eigentlich sollte man Daueralarm haben. Aber – wer könnte dann noch etwas arbeiten? So entschließt man sich, »Görings Wunderhorn« (Sirene) nicht in Aktion zu setzen, so lange keine »starken Kampf-Verbünde«! angesagt sind. Acht bis zehn Flugzeuge sind nach heutigen Begriffen das längst nicht. Nicht wahr, wer hin ist, ist hin! Hauptsache: die Fabriken arbeiten eine halbe Stunde länger.

Soeben höre ich: die Partei schreibt den Männern der renitenten Frauen unserer Stadt. Ich kann mir denken, *wie* diese Briefe lauten mögen. Auf jeden Fall so, dass die Männer ihren Frauen raten werden, doch um Gottes Willen ihr Leben und das Leben der Kinder nicht durch »sinnlosen Widerstand« noch mehr zu gefährden, als das durch Bomben und Zubehör ohnedies der Fall ist.

15.10.44. Der Gang der Luftereignisse ist zurzeit folgender:

1.) Man hört Flugzeuge,
2.) Man blickt ängstlich gen Himmel,
3.) Es fallen Bomben,

4.) Man rennt in den Keller,
5.) Vielleicht schießt die Flak,
6.) Öffentliche Luftwarnung,
7.) Entwarnung, Gefahr vorüber.

17.10.44. Ein Schulleiter, dessen Schule evakuiert ist, schrieb heute: Geheizte Schulräume gibt es nicht diesen Winter! Eine meiner Klassen (sechzehnjährig) wurde an den Westwall abkommandiert. Die Buben haben noch ihre Sommerkleidung (kurze Höschen usw.). Ich habe versucht, ein bis zwei Tage Aufschub zu erreichen, damit die Buben zuvor nach Hause fahren, sich ihre Wintersachen holen und die Eltern noch einmal sehen könnten. Vergeblich! So, wie sie gingen und standen, mussten sie weg.

18.10.44. Muss ich in Schwermut versinken? Ich habe solche Angst. Wenn ich mich in eine wichtige Arbeit flüchten könnte! Aber der Tag ist völlig zerrupft, selbst die Tage, an denen zufällig mal kein oder wenig Alarm ist. Irgendwelche tatsächlichen oder vermeintlichen Notwendigkeiten sind immer zu erledigen. Es geht mir so wie den Aachenern oder meinem Kolonialwarenhändler an der Ecke vorne. Ich könnte den Engländern und Amerikanern zuweilen die Fäuste unter die Augen halten und schreien: »Warum lasst ihr euch so viel Zeit! Es gibt genug Deutsche, die längst genug haben, im ›eigenen Saft geschmort‹ zu werden, wie Churchill es als heilsam und richtig erzieherisch für uns erkannte.«

25.10.44. Ich möchte einmal wieder mich ganz ausziehen dürfen und breit und ohne jede Angst ins Bett legen. Was für eine Glückseligkeit müsste das sein! Es gab eine Zeit – da war auch schon Krieg –, wo man sich am Abend noch an das Klavier setzte und Choräle spielte, in der viele Menschen (nicht wir) gar noch Theater und Konzerte besuchten, wo man sich richtig auszog und in sein Bett legte, als sei dies das Selbstverständlichste von der Welt. Mit all diesen »Selbstverständlichkeiten« ist es längst vorbei.

28.10.44. Wenn man kein Wasser hat (und damit auch die Benützungsmöglichkeit des WC wegfällt) ist das schlimm, wenn dazuhin das Licht fehlt, ist es schlimmer. Wenn man aber keinen Strom hat, um BBC zu hören – um keine Stimme mehr vernehmen zu können von draußen, dann ist »alles dunkel um mich her, die Seele müd' und freudenleer …«

31.10.44. Gestern war ich beim Zahnarzt. Er wollte wissen, ob mein Mann und mein Schwiegersohn sich zum Volkssturm gemeldet haben. Ich verneinte durch Kopfschütteln, denn ich hatte den Mund voller Watte. »Sie?«, lallte ich. Er schüttelte den Kopf und seine Stirne war ganz zerfurcht von Sorgen. Nach einer Weile fragte er: »Sind Ihr Mann und Ihr Schwiegersohn Parteigenossen?

Ich schüttelte wieder den Kopf.

»Die Glücklichen!«, sagte er.

»Wieso glücklich?«, fragte ich, denn nun konnte ich wieder reden.

»Weil ich unglücklicherweise Parteigenosse bin und froh wäre, heilfroh, wenn …«

»Warum sind Sie PG? Sie sind ein freier Mann, nicht Beamter wie mein Mann und mein Schwiegersohn …«

»Weil ich dumm war. Politisch dumm, meine ich.«

»Haben Sie denn *Mein Kampf* nicht gelesen?«

»Viel zu spät! Erst vor zwei Jahren …«

»Nachdem Sie rund neun Jahre Parteigenosse waren?«

»Leider dann erst. Aber ich habe den Versprechungen geglaubt, das soziale Programm, die Versicherungen Hitlers, dass nur *er* dem deutschen Volk den Frieden erhalten könne. Außerdem: ich wollte vorwärtskommen. Alle Zahnkranken liefen zur Konkurrenz. Er war Parteigenosse. Kurz: ich war dumm! Alle waren dumm, die in die Partei eintraten …«

»Späte Einsicht, Herr Doktor. Aber ich muss Ihnen widersprechen. Es waren ja gerade die Siebengescheiten, die Neunmalklugen, die, die unter allen Umständen ›vorwärts‹ kommen wollten, die scharenweise der Partei in die Arme liefen …«

Mein guter Doktor senkte den Kopf. Er war – obwohl PG – innerlich ehrlich genug, zuzugestehen, dass ich Recht habe. Er murmelte düster: »Wenn man sich ›freiwillig‹ zu etwas meldet, sollte man doch annehmen können, dass man sich ebenso freiwillig wieder abmelden könnte.« Ich glaubte, er wolle aus der Partei austreten, aber er klärte mich kurz folgendermaßen auf (man sah ihm an, er brauchte unbedingt jemand, dem er sein bedrängtes Herz ausschütten konnte): er habe sich am Sonntagvormittag zum »Volkssturm« gemeldet, habe infolgedessen eine schlaflose Nacht verbracht, denn er habe nicht die mindeste Lust, von den anrückenden Amerikanern als »Terrorist« oder »Heckenschütze« aufgeknüpft zu werden, so, wie wir es in den besetzten Ländern gemacht haben. Er sei darum heute früh wieder hingegangen und habe sich *ab*gemeldet. Da habe man ihm gesagt, das bedeute seinen Ausschluss aus der Partei.

Belämmert saß der Held im weißen Doktorkittel, die Hand mit dem Zahnbohrer in den Schoß gesunken, auf seinem Drehstuhl. Kein heldischer Anblick, und der Volkssturm hat gewiss keinen tapferen Streiter verloren. Darum tröstete ich lachend: »Sind Sie froh, wenn Sie auf diese Weise mit Anstand wieder aus der Partei herauskommen!«

Er blickte mich scheu an. Nach einem bitteren, beklommenen Schweigen sagte er schließlich mit beklommener Stimme: »Die Situation ist für mich eben die: entweder hängen mich die

Amerikaner, oder die Partei knüpft mich auf. Wenn ich ein Glückspilz bin, werde ich vielleicht ›nur‹ erschossen …«

Lachen? *Wie* gerne hätte ich das getan. Aber angesichts des geknickten Volkssturmhelden war Trost am Platze. Ich sagte, dass »die Stunde nun gekommen sei, Mut zu zeigen …«

»Was nützt mich das, wenn ich nachher dafür baumle?«, sagte er kläglich, und ich musste denken, wie viele wohl mutig wären, wenn sie nicht durch fortgesetzte Todesfurcht davon abgehalten würden.

1. 11. 44. Was für ein Glücksfall oder Zufall, mit dem Leben davon zu kommen! Heute beispielsweise waren den ganzen Tag Flieger über uns. Kein Alarm! Plötzlich schießt die Flak wie verrückt oder man hört von irgendwo den Einschlag der Bomber oder das Geknatter von Maschinengewehren.

Zeitungsnotiz: »*Wenn Hitler solche Jungen hinter sich hat.*«

> »Vier deutsche Jungen im Alter von acht bis 14 Jahren, die in Aachen auf amerikanische Truppen geschossen haben sollen, sollen vor ein amerikanisches Kriegsgericht gestellt werden.
> ›Wenn Hitler solche Jungen wie diese hinter sich hat!‹, seufzt der sie bewachende amerikanische Polizist und erzählte, dass er ihnen heute früh Mäntel in ihren Gewahrsam gebracht habe, weil es so verdammt kalt gewesen sei. ›Sie warfen mir die Mäntel ins Gesicht.‹«

Mäntel für die Lausbuben? Der Arsch hätte ihnen versilbert gehört. Ich frage mich, was *wir* mit acht- bis 14-jährigen Polen oder Russen oder Holländern oder Franzosen gemacht hätten, wenn sie auf deutsche Soldaten geschossen hätten. Ihnen auch einen Mantel gegeben, damit sie nicht frieren? Wir hätten in der Minute dafür gesorgt, dass es ihnen nie mehr kalt wird in ihrem Leben, d. h. wir hätten sie kaltgemacht für immer.

16. Nov. 44. Zufällig hörte ich im Radio »Impromptu« von Schubert. Dass es so etwas gibt. Die Töne kamen zu mir aus einer fernen, fernen Welt der Märchen und vermessenen Träume. Ich höre sonst nie Radio, außer den Nachrichten von BBC, den Amerikasender oder Gustav Siegfried Eins. Auch sonst kommt keine Musik zu mir. Und selbst Musik machen? Das kann höchstens mal ein Choral sein, in den ich die ganze Last, die meine Seele bedrückt, lege. Und außerdem: man lebt ja nur mit gespitzten Ohren, man horcht ununterbrochen. Wird nicht die Sirene aufheulen? Wenn … dann heißt es türmen. Alarm wird möglichst nicht oder nur sehr spät gegeben. Arbeitsverlust einsparen! Lieber das Leben der Menschen riskieren als das Entstehen einer Granate verhindern!

Nochmals Franzls »Impromptu«: Mit welch glanzvoller Herrlichkeit könnten die Menschen ihr Erdenwallen erfüllen, wenn sie nicht von Zeit zu Zeit in völlige Narrheiten versänken!

15. Nov. 44. Die Frau Apothekerin kam ganz aufgelöst zu mir: sie hat mir erzählt, dass es in der Nähe Nürnbergs ein riesiges KZ-Lager, belegt mit tausenden – zebragekleideter – Männer gebe. Sie war aufgelöst vor Entsetzen über die Scheußlichkeit, mit der diese Ärmsten der Armen behandelt und misshandelt werden, Prügel und Folter seien an der Tagesordnung. In der Nacht, als sie von Nürnberg wegfuhr, seien ungefähr 30 (!) Schwerkranke am Bahndamm gelegen, ohne Mantel, ohne Decke. Sie hätten geschrien vor Qualen. Auf ihre an den Wachmann gerichtete Frage, was mit den Leuten da sei, habe er grinsend geantwortet: »Sie kommen ins Sanatorium«. Schließlich sei auch ein Güterwagen vorgefahren, in den sie verladen worden seien. Vermutlich sei das das »Sanatorium« gewesen, das die armen Kerle ein für alle Mal von allen irdischen Qualen befreite.

Auf meine Frage, was denn das für Leute seien, antwortete sie: »Hauptsächlich Ausländer!«

»Nun – – – dann dürfen wir uns nicht wundern, wenn seinerzeit gegen uns dieselben Maßnahmen ergriffen werden«, sagte ich und ging weg. Das Blut hämmerte in meinen Schläfen.

Zwei Tage später kam ich noch einmal auf ihren Bericht zurück. Ich wollte Näheres darüber wissen, denn ich hatte noch nie etwas von diesem Lager gehört.

»Wissen's«, sagte die Apothekerin da, »dös san lauter Partisanen! Also: a recht's mind's Pack!« (Sie hatte ihr Mitleid verscheucht, war ihrer empörten Regungen Herr, war wieder »deutsch« geworden.)

Da bekam ich das Kopfschütteln. Ich sagte: »Aber – – Frau Apotheker – – was sind denn wir, wenn wir nun auf die einrückenden Amerikaner schießen sollen? Unsere Männer sind wohl keine ›Partisanen‹, keine ›Heckenschützen‹, die Mädel an der Flak keine ›Flintenweiber‹?«

Gesagt ist gesagt. Nun mag sie es an der Zeit finden, an »geeigneter Stelle« auf mich aufmerksam machen.

30. Nov. 44. Der Plan, anschließend an unser Haus eine Höhle zu graben, die Versteck sein könnte, wenn der Räumungsbefehl kommt und SS-Horden die Häuser nach Zurückgebliebenen, Ungehorsamen durchstöbern, musste aufgegeben werden. Nachdem dieses »Grab«, das der Weg zu neuem Leben und zu dankerfülltem Auferstehen hätte werden sollen, annähernd ausgegraben war, stießen wir auf Grundwasser. Was nun? Unser verlässlicher Nachbar (nicht der Herr Apotheker) regte an, gemeinsam in einem in der Nähe liegenden Steinbruch einen Unterschlupf zu schaffen, eine Höhle in den Berg hineinzugraben und dorthin zu flüchten, wenn …

Bestechender Gedanke im ersten Augenblick! Denn der Steinbruch und seine Umgebung ist von nirgendwo eingesehen, ist eine richtige Wildnis. Aber – aber – – –

1.) Man kann nur bei Nacht graben, denn niemand darf davon wissen. Wie aber soll man bei Nacht graben ohne Laterne? Man hat ja nicht einmal eine Taschenlampe, keinen Kerzenstummel, nichts, nichts!
2.) Wie soll man bei Alarm rechtzeitig den Stollen erreichen?
3.) Wie sollte man Kälte dort aushalten, wenn es notwendig sein sollte, mehrere Tage dort auszuhalten? Woher das Essen nehmen, Wasser?

Gottlob geht es mir gesundheitlich wieder etwas besser. Ich hoffe in wenigen Tagen wieder eine Kraft zu sein und kein Klotz am Bein.

30. Nov. 44. Mein Mann hat sich brieflich (Vorwand: Krankheit) vom Volkssturm abgemeldet. D.h. er war ja nie »angemeldet«, wurde aber eines Tages »abgeholt«.

Bis jetzt von dort keine Stimme noch Antwort.

Ludowikes Mann ist immer noch hier. Immer noch nicht erfasst vom Volkssturm. Wie wird es ihm ergehen, wenn man dahinterkommt, dass er sich nicht gemeldet hat? Wie wird es seiner Frau ergehen? Uns? Die beiden jungen Leute wohnen ja mit uns in unserem Häuschen.

Man hört heute, gottlob, den Geschützdonner wieder deutlicher.

1. Dez. 44. Weihnachtsmonat! Von fern das Rollen der Geschütze, um mich das Klirren der teilweise wieder eingesetzten Fenster und Türen, vor mir »des Sommers letzte Rose«, in mir noch die besänftigende Melodie des *Adagio cantabile* aus Beethovens Pathétique-Sonate und draußen dicker kalter Nebel, Nebel, der alle Sträucher und Gräser mit Raureif überzieht und sie dem staunenden Menschen – den paar, die solche Dinge bei uns zu Lande noch wahrzunehmen das Organ haben – als unvergleichliche Kunstwerke der Natur präsentiert.

Die Menschen hier haben keine Zeit mehr, zu staunen. Und auch keine Kraft mehr. Sie sind beherrscht von der einen alles umfassenden Frage: Was bedeutet das Schießen? Das Fensterklirren? Bereiten die Feinde den entscheidenden Durchbruch vor? Und was dann? Bedeutet das: fort von Daheim? Rucksack auf den Rücken! Hinaus in Kälte und Ungewissheit! Flüchtlingslos?

Wenn mein guter Sohn in Kanada wüsste, in welchen Nöten Eltern und Schwester sich winden! Und unsere liebevolle Tochter in England! *Wie* gut, dass sie es *nicht* wissen!

2. Dez. 44. Strahlender Sonnenschein nach einer leichten Frostnacht. Der Himmel ist übersät mit weißen, schaumigen Wolkenschafen und – – – mit anglo-amerikanischen Flugzeugen. Seit 8.30 Uhr (jetzt ist es bald elf Uhr) löst eine Luftwarnung die andere ab. Der Polizeisender meldet ununterbrochen An- und Abflüge.

Gestern im Stollen fragte eine Malerin einen Komponisten: »Können Sie eigentlich etwas schaffen?«

Kopfschütteln als Antwort.

Die Malerin: »Man kann nichts zu Ende denken!« In dem Seufzer, der dieser schlichten Feststellung folgte, lag die ganze Qual des augenblicklichen Daseins.

»Nichts zu Ende denken!« Man kann nicht nur »nichts zu

Ende denken«, man kann auch während 99% des Tages nicht einmal *beginnen*, etwas zu denken, als höchstens: Wie rette ich mein Leben? Wie werde ich satt? Wie schütze ich die Meinen vor Kälte? Wie rette ich die allernotwendigste Habe? Was nehme ich auf die Flucht mit, falls ... usf. usf.

Niemals in meinem Leben hätte ich mir vorstellen können, dass mein Gehirn einmal so zerzaust sein könnte ...

Wir wollen nun doch weiter zu graben versuchen an der Höhle neben unserem Haus, um bei Evakuierungsbefehl ein Versteck zu haben. Wie hätte ich denken können, dass ich mit 56 Jahren noch einen solchen Wildwest-Roman durchleben und durchleiden müsste.

Sonntag, 3. Dez. 44. Drüben im Wald ist der »Volkssturm« angetreten. Wenn es nicht so traurig wäre, dann wäre es mehr als lustig zu sehen, wie die alten Männer »Soldätles« spielen. Diese Aufmachung! Genau wie Buben! Jeder hat angezogen, was ihm – nach seiner Vorstellung – irgendwie martialisches oder kriegerisches Aussehen zu verleihen in der Lage sein könnte: Gamaschen der eine, einen Stahlhelm der andere, dieser hat ein Fernrohr umgehängt, jener eine Kartentasche. Ja – sieh mal an: Dort hat sogar einer eine Zimmerflinte geschultert! Die Filzhüte haben sie getarnt mit Tannenreis.

Christfest 1944. Strahlendes Wetter! Sonne, blauer Himmel, kalt. Fast ununterbrochen »Luftgefahr«. Gestern, am Heiligen Abend, einen winzigen Spaziergang gemacht. Natürlich: Voll-Alarm! Bomben, Detonationen in einiger Entfernung. Rennen in Richtung »Stollen«. Eine Dame, Pelzmantel und alles andere feine Zubehör, stolperte gleich vielen anderen erbost durch den Wald dem rettenden Stollen zu. »So eine Gemeinheit! Am Heiligen Abend!«

So sehr ich selbst in atemloser Eile war, so musste ich doch eine Viertelsminute stehen bleiben und meinerseits schreien: »Gemeinheit? Das ist keine größere Gemeinheit als der ganze Krieg! Und eine viel, viel kleinere ›Gemeinheit‹ als die des ›Kriegsbeginns‹. Und *wer* hat ihn vom Zaun gebrochen? Wer? Doch nicht die, die uns jetzt in den Stollen jagen? Aber damals hat kein Mensch gesagt: ›So eine Gemeinheit!‹« Sagte es und stürmte weiter, um das Leben vor Bomben-Einschlägen zu retten, das ich soeben wieder durch die ungeschminkten Worte mehr gefährdet hatte, als es durch die Flieger im blauen Äther gefährdet war. Aber – – »der Mensch ist dumm«. Auch ich bin ein Mensch. Manches Mal *kann* ich einfach nicht widerstehen, »für fünf Pfennig« klar und nüchtern die Wahrheit hinauszuschreien, denn es ist so: meine »Volksgenossen« fressen nur Phrasen! Das aber mit einem wahren Heißhunger!

Abends. Es war ein trauriges Christfest. Zwar taten wir, »als ob«. Aber das Herz war nicht bei den Weihnachtsliedern, die wir summten – nur leise »summten«, denn man musste ununterbrochen »horchen« und aus den Geräuschen in der Luft schließen, ob die »gemeinen« Engländer und Amerikaner noch immer dabei waren, unser Weihnachtsidyll zu stören. Merkwürdig: der Deutsche findet es völlig in Ordnung, dass *seine* Heere ausgerechnet über die Weihnachtstage eine gewaltige Offensive mit allem unweihnächtlichen Drum und Dran beginnen, und dass V 1 und V 2 nach London – und, o Jubel! – nun gar nach Manchester! – schießt. Aber natürlich: das tut alles nur *den andern* weh!

Ich bin oft sehr, sehr müde. Und mutlos. Aber ich möchte dieses Grauen doch überleben, um hernach noch ein Wörtlein »deutsch« mit meinen lieben »Volksgenossen« reden zu können.

Elf Uhr nachts. Soeben verkündet der Sender stolz: »Zurzeit keine feindlichen Flugzeuge über unserem Warngebiet!« Was für ein Triumph! Nachdem diese silbernen Vögel sich seit dem frühen Morgen sozusagen überall über unserem Ländle vergnügten. Da die Luft nun »rein« ist, möchte ich versuchen, festzuhalten, *wie* unser Leben zurzeit eigentlich verläuft. Aber mein Geist ist so zerfahren wie die Zeit. Horch! Elf Uhr fünf Minuten: Luftgefahr 8! Also: genau fünf Minuten hat die deutsche »Luftherrschaft« angehalten.

Wie also verläuft unser Leben? *Mein* Leben? Rein äußerlich gesehen im Vergleich mit vielen, vielen Millionen ist es noch sehr bürgerlich oder üppig. Ich habe noch ein Haus, beschädigt zwar, aber es ist eine Bleibe. Nur kann ich häufig nicht in der »Bleibe« bleiben, denn ich muss in den Stollen rennen und dort eng eingepfercht Stunden um Stunden sitzen, dauernd in Ängsten, der einzige Zugang zum Stollen (der zweite ist immer noch nicht fertig) werde durch einen Bombentreffer zugeschüttet. Lebendig begraben also!

Ich habe in der »Bleibe« noch bequeme Stühle. Aber ich kann mich nicht auf sie setzen, es fehlt jede äußere Ruhe.

Ich habe auch noch einen Flügel, einen herrlichen Bechstein. Aber auf ihm zu spielen ist unmöglich, denn es gilt, den ganzen Tag – und erst bei Nacht! – die Ohren steif zu halten, um die »Luftgefahr« rechtzeitig wahrzunehmen.

Ich habe noch Teppiche und Bilder. Aber sie sind aufgerollt und eingepackt im Keller.

Ich habe noch Bücher! Viele schöne Bücher. Aber in ihnen zu lesen ist wiederum unmöglich, denn die ganze Zeit und Kraft wird aufgesaugt vom Sorgen und Hasten nach Nahrung und allem Drum und Dran. Wenn ich meine Wäsche von der Wäscherei gewaschen haben will, muss ich Seife und Kohlen mitbringen. Da ich aber keine habe, muss ich selbst waschen, wozu unser Haus in keiner Weise eingerichtet ist.

Ich muss Holz sammeln im Wald, wenn ich Feuer machen will, muss das Holz zerkleinern, trocknen usf. Ich muss auch helfen, im Stollen zu graben, wenn ich das Anrecht haben will, mich bei Alarm hineinzuflüchten.

Morgen wollen wir um fünf Uhr in der Frühe mit der Bahn (wenn sie geht) wegfahren, um unsere aufs Land evakuierten Fahrräder zu holen. Gewiss: sie können hier mitsamt unserem Häusle zerbombt werden. Aber – sie können uns möglicherweise auch das Leben retten, wenn wir in unsere Höhle flüchten, d. h.: wenn wir wegen des Herannahens der Front zwangsweise evakuiert werden. Dann wollen wir so tun »als ob«. Wir werden wegradeln – also flüchten – werden in einem unbemerkten Augenblick umkehren, einige Tage in der Höhle im Steinbruch kampieren, und wenn die Schlacht über uns hinweggebraust ist, zurückkehren und sehen, was von unserem lieben Häusle und seinem Inhalt noch vorhanden ist.

Leider, leider können wir die Höhle direkt an unserem Haus mit Zugang zu ihr vom Hausinnern doch *nicht* fertig machen. Wiederum Grundwasser! Wir hätten diese Riesenarbeit doch im Sommer beenden sollen! Aber – wer dachte damals, dass wir eines Tages bestimmt damit rechnen müssen, mit vorgehaltener Pistole von den eigenen Truppen von Haus und Besitz verjagt zu werden! An solchen Sadismus hat man wirklich nicht ernstlich geglaubt.

Neujahr 1945. Was wird es uns bringen? Alles ist dunkel verhangen. Ein alter Mann sagte heute früh zu mir: »Wenn Hitler wenigstens etwas gesagt hätte darüber, wann Friede wird! Aber nix hat er g'sagt! So bin ich eingeschlafen dabei!« (Bei der Hitler-Rede zum Jahreswechsel)

Nun, Hitler hat dem deutschen Volk immerhin *die* tröstliche Versicherung mit ins neue Jahr gegeben, dass *Er!!! nie* kapitulieren werde. Wie viel Trost und Beruhigung für uns!

Man kann nicht nur keinen Gedanken mehr zu Ende denken, man kann auch kein Gefühl mehr zu Ende fühlen. Abgesehen von der unablässigen äußeren Unruhe ist man nicht mehr fähig, seine Gefühle auf den Grund zu senken. Wird man es je wieder können?

Sich das Kriegsende vorzustellen! Sich die Leere vorzustellen, den Abgrund, das Nichts, vor dem wir in Deutschland stehen werden! Es macht mich heute schon schaudern. Ein Nichts im Geldwesen, auf dem Warenmarkt, im Schulwesen, in der Literatur, ein Nichts hinsichtlich der moralischen Begriffe. Nichts, was man brauchen könnte für den Neubeginn. Wir sind unterhalb des »Nichts« angekommen. Wer schreibt beispielsweise ein gutes Kinderbuch? Schulbücher? Sie alle – vom Mathematik- bis zum Geschichts- und Literaturbuch – sind durchsetzt mit dem Anti-Geist, der Deutschland in dieses grenzenlose Jammertal gejagt hat. Wie und wann wollen wir den Anschluss an die internationale Wissenschaft wieder gewinnen?

Ich habe so gar keine Fühlung mit meinen fernen Kindern und Enkeln. Wie wohl *ihr* Weihnachten war? Ob sie sorgenerfüllt an uns und unser schreckliches Leben gedacht haben. Ich fürchte, es hat manche Träne gegeben. Besonders bei Cläre. Wenn ich doch endlich dieser Tochter wieder Liebe geben und ihr danken könnte für das, was sie Martin getan und geholfen hat.

3. Jan. 45. Ich habe (im Radio) die Verordnungen des Alliierten Oberkommandos über das deutsche Erziehungswesen noch einmal gehört. Es ist alles sehr gut und richtig. Aber – – – ist es wirklich durchführbar? Von den Volksschullehrern waren wohl 90 % Nazis. Die meisten davon schon in der Kampfzeit. Von den höheren Lehrern, den Universitätsprofessoren kann man wohl nur 5 % als Nazis *von Beginn* an ansprechen. Dafür aber waren der weitaus größte Prozentsatz der übrigen erklärte Nationalsozialisten und Militaristen. Für jeden »echten« Akademiker verstand es sich als Reserveoffizier von selbst, dass er die deutsche Überheblichkeit als eine zum Stand gehörende Verpflichtung mit übernahm, dass er unter der »Schmach von Versailles« Qualen litt, und dass er alles unterstützte, was dazu angetan schien, diese »Schmach« früher oder später zu tilgen, Deutschland wieder zu einem Machtfaktor zu machen, vor dem die Welt erzitterte, und die jedem Deutschen die Möglichkeit gab, draußen festen Schrittes und mit klirrenden Sporen aufzutreten – und Huld nach Laune und Großmut zu verteilen.

Wenn also das Programm für das Erziehungswesen dem Buchstaben nach durchgeführt werden sollte, so würde das die Schließung fast aller Bildungsstätten auf viele Jahre hinaus bedeuten, während welcher das Ausland es übernehmen müsste, geeigneten Lehrernachwuchs für unsere Schulen heranzubilden.

Wir stehen vor gigantischen Aufgaben. Möchten sich doch die Kräfte finden, die sie zu meistern vermögen.

13. Jan. 45. Der Mensch ist ein zähes Wesen. Vor allem, was das Hoffen anbetrifft. Er hofft und hofft. Und wenn er hundertmal enttäuscht wurde, so – – – hofft er doch brav immer wieder. So ich.

16.1.45. Eine Stadt nach der anderen sinkt in Schutt und Asche. Gestern wurde eine Nachbarstadt angegriffen. Die Ausmaße der Zerstörungen sind noch nicht bekannt. Aber ich fürchte, fürchte ... Wie sagte doch unser erhabener Führer? »Gebt mir zehn Jahre Zeit, und ihr werdet die deutschen Städte nicht wiedererkennen!« Wenn dieses große Lügenmaul *einmal* die Wahrheit gesagt hat, dann hier.

Die übergroße Mehrzahl unseres Volkes hat nun genug, mehr als genug vom Krieg! Schluss! Schluss! Gleichzeitig aber kommt immer wieder die Frage: »Womit haben wir ein solches Schicksal verdient?« Sie sind noch immer nicht genesen von ihrem Hochmut. Sie sind absolut überzeugt von »unserer Güte«, »unserer Rechtschaffenheit« und »Tüchtigkeit«. Kein Volk der Erde kann – nach ihnen – denselben Anspruch machen auf »Führung« wie das deutsche. Kein Volk auch ist so »fleißig«, so »begabt«, so »gut«, so »ordentlich«, so »reinlich«, so »strebsam«. Kein Volk der Erde hat der Menschheit so viele große Erfinder geschenkt wie das deutsche! »Das Volk der Dichter und Denker«! Was für ein verhängnisvolles Schlagwort. Jeder hält sich für einen »Dichter« oder »Denker«, zumindest aber für einen großen Feldherrn, dem das volle Recht zusteht, die andern Völker k. o. zu schlagen. Und jeder hält das, was im Namen des deutschen Volkes geschehen ist, für »gut«, zum allermindesten aber für »notwendig«. Und weil dieser Hochmut noch nicht zertrampelt ist, muss der Krieg weitergehen.

26.1.45. Sich vorzustellen, dass vielleicht in wenigen Wochen doch dem ganzen Entsetzen ein Ende gemacht sein wird! Es ist wie ein Fieber in mir, und ich zittere den abendlichen Nachrichten der BBC, des Amerikasenders, der des »Soldatensenders« entgegen.

Wir haben tiefen, tiefen Schnee, es schneit und stürmt weiter. Dabei sind Hunderttausende auf der Flucht, auf der Flucht vor einem Feind, dem man das moralische Recht zu grausiger Rache in die Hand gegeben hat. Ich denke voller Erbarmen an die Mütter, die Kinder, die Greise, die im Osten … ach Gott, erbarme Dich dieses Elends!

Man soll »Strümpfe« abliefern für die »Marschierer«. Als ob die besten Socken noch etwas retten könnten!

27.1.45. Sowjet-Panzer in der Mark Brandenburg! Wie mögen da die hochmütigen Preußenherzen zittern! Wird die Offensive im Westen endlich auch losbrechen? So dass der SS keine Zeit mehr bleibt, uns aus unserer Siedlung hinauszupeitschen?

Riesenschlagzeile in der Zeitung:

»Wir werden auch diese Not überstehen!«

Wirklich? *Wer* wird sie »überstehen«? Kann man summa summarum sagen »diese« Not? Nein, man kann das nicht. »Diese« Not ist eine vielmillionenfache Not, und die qualvolle Not eines jeden innerhalb dieser vielen Millionen hat ein anderes Gesicht. *Meine* Not ist eine relativ kleine Not. Wie sieht sie aus? Ich müsste ein Maler sein wie Ludwig Richter, um die tausend Rünzelchen und Strichlein in das Gesicht *meiner* Not zeichnen zu können, die in ihrer Gesamtheit eben *dieses* Gesicht ausmachen. Eben jetzt, beispielsweise, 11.45 Uhr vormittags, erdröhnt mein Haus unter dem Bombenabwurf in dieser nicht sehr entfernt liegenden Stadt. Alarm? I wo! Vor zehn Minuten war ja erst »*Ent*warnung«. Horch, wie es dröhnt! Wie das Haus zittert! Diese Bombenangst ist eine der Grund-»Nöte«. Aber da ist noch andere Not, ist die Hungers-Not, die Kleider- und Schuh- und Wäsche-Not, ist die Kohlen-Not, die Gestapo-Not (eine riesengroße Not), die Ärzte- und Medikamenten-Not, die Not der Kranken (augenblicklich liegt mein Mann mit Halsentzündung), die Not der unsagbaren Müdigkeit, der ewigen Überarbeitung, die »Tauwetter-Not« (sie hält die Defensive im Westen auf), da ist die »Verwandten-Not« (Zerfall mit ihnen aus politischen Gründen, Angst um Schwester, der KZ angedroht ist), da ist die Kinder-Not (ich meine das Entbehren meiner Kinder in fernen Landen). Ach – – – wie viel, wie viel »Nöte« sind auch meine Nöte, obwohl, wie gesagt, ich es relativ gut habe, noch nicht auf der Flucht bin und noch Obdach und Bett habe. Aber zu »meiner« Not gehört auch die Not der Millionen, Millionen anderer, denn meine Phantasie ist noch nicht stumpf und mein Herz noch immer wach. Trotz allem.

4.2.45. Gestern klingelte eine junge Russin. Sie bat um ein Stück Brot. Ludowike schnitt ihr einen Ranken ab, gab ihr Äpfel dazu. Beglückt zog das arme Wesen ab. Wie viele Deutsche müssen jetzt ebenso von Haus zu Haus betteln? Wie lange wird es noch dauern, bis diese »Not« auch *meine* Not geworden sein wird?

Die Frau des »Sonder-Richters« war gestern da. Sie sammelte wieder mal für irgendetwas. »Nichts Neues?«, fragte ich sie. »Woher soll *ich* etwas Neues wissen? Uns erzählt niemand was«, lachte sie. »Meinem Mann gleich gar nicht. Da denken die Leute, das ist ein hundertprozentiger Nazi, wenn die wüssten! Wir sind das noch nie gewesen …«

Da schau mal einer an! Nie gewesen? Wie hat sich diese Dame vor einigen Jahren geäußert, als ihr Mann Sonderrichter in Warschau war? Es wird bestimmt so kommen, dass nachher nicht die Nazis die Nazis waren, sondern wir, das kleine Häuflein der Aufrechten, wir werden die Prügel auch für die Untaten dieser Bande einstecken dürfen. Auch nachher wieder.

Gestern kam Frau R. Ihr Mann ist Jude, Architekt, hat Straßen gekehrt, wurde aus der Wohnung hinausgeworfen, hat seine Sachen bei uns untergestellt und holt gelegentlich Trost und Hilfe bei uns. Sie brachte von der Gestapo einen Brief. Adresse: »An R. …« Er habe sich am 12. Febr. zum Zwecke auswärtiger Arbeit in B. einzufinden, fünf Tage Marschverpflegung, zwei wollene Decken, Bettzeug usf. sei mitzubringen. »Sein Todesurteil«, sagte die Frau und schluchzte verzweifelt. Sie ist davon ebenso überzeugt wie davon, dass weder das mitzunehmende Bettzeug noch die Wolldecken zu *seiner* Benutzung gedacht sind, sondern dass es eine neue Methode des Ausraubens ist.

Haben Sie das Wort: »Pluto-Bolschewisten« schon gehört? Ich nicht bisher. Aber jetzt wurde es geprägt für das, was die seitherigen »Plutokraten«, die Amerikaner und Engländer, waren.

23. 2. 45. Meine ganz, ganz große Sorge gehört nun meinem lieben Jungen. Der zweite Brief mit dem Aufdruck »Repatriated« kam nun zurück. Ein neuer Schrecken erfüllt mich: man wird doch nicht so grausam sein und den lieben Buben nun so kurz vor Kriegsschluss »heim« zu senden, ihn Hitler in den Rachen zu werfen, den Bomben auf der Bahn auszusetzen! Man wird ihn doch noch drüben behalten die vier oder sechs Wochen! Länger kann's doch keinesfalls mehr gehen! Guter Gott, gib dem Jungen einen Engel zur Seite!

6. 3. 45. Der Barometer steigt. Das Bombenelend kann also jede Stunde wieder beginnen. Ich bin so übervoll von Hass, Zorn, Abscheu. Ich mache mir nun bei jeder Gelegenheit Luft, ich gefährde mich selbst, ich weiß das. Aber ich müsste daran ersticken, wenn ich es nicht täte.

Eine Frau, sechzigjährig, Brille, Bauch und anderes Zubehör ehrsamen Deutschtums holte mich auf der Straße ein und tat einen tiefen Seufzer.

»Was soll der Seufzer?«, fragte ich.

»Das Wetter wird besser. Dann kommen wieder Terrorangriffe. Bei Nacht, ich schwöre. Die letzten waren am Tag. Die Bande ändert ja immer ihre Taktik ...«

»Nun«, sagte ich und fühlte, wie bereits alle Pulse in mir rasten, »›die Bande‹ macht es eben so, wie sie denkt, dass sie den Krieg möglichst rasch beendigt ...«

»Dahin wollen die Lumpen es bloß bringen ... Jetzt steht der Hunger vor unserer Tür. Militärisch könnten sie uns ja nie besiegen, nur wirtschaftlich ...«

Da blieb ich stehen und sagte: »Aber erlauben Sie mal! Haben Sie Ihre Karte von Deutschland noch nicht angesehen? Die Wehrmachtsberichte nicht gehört? Wissen Sie nicht, wo Frankfurt a. d. Oder, wo Stettin, Breslau, Görlitz, wo Krefeld, Köln und Dortmund liegt? Wenn *ich* richtig orientiert bin, liegen alle diese Städte und noch viele, viele andere – – – in Deutschland und sind von den Gegnern besetzt ...«

»Aber das ist nur, weil sie die Übermacht haben, und der deutsche Soldat auf der ganzen Welt kämpfen muss. Wenn *wir* die Übermacht hätten! Aber – – wenn man auf so vielen Kriegsschauplätzen gleichzeitig kämpfen soll ...«

»Sehr richtig. Die ganze Welt gegen sich aufzuhetzen, ein solches Kunststück bringt nur ein ›Einmaliger‹ auf ...«

»Das sind dämonische Kräfte. Das ist vom Teufel ...« Und schließlich beendete die Frau ihre Predigt über den Teufel mit den Worten: »Das lass ich mir von niemand nehmen: der deutsche Soldat ist der beste Soldat der Welt, und was er geleistet hat und was für glorreiche Siege er erfochten hat ...«

»Ja«, sagte ich freundlich dagegen, »wenn die Russen Berlin, die Anglokaner und Franzosen Hamburg, Stuttgart, München erobern, so ist das absolut nichts, gemessen an den Siegen unserer Landser …«, und ließ sie stehen. Gegen so viel engstirnigen Hochmut kämpfen Götter vergebens. Die Angehörigen anderer Länder sind eine »Bagage«, sind »Lumpen«, »Banditen«, »Verbrecher«, »Gangster«, »Kulturbolschewiken«, »Banausen«, »Snobs« usw. usw.

Wie kann es jemals gelingen, die Deutschen aus diesem Irrgarten herauszuführen, ihnen die Scheuklappen abzunehmen. Das Schreckliche wird sein, dass man es genau so wird machen müssen, wie es die Nazis 1933 gemacht haben: Literatur und Schulbücher verbrennen usf. usf. Was für eine grausame Ironie! Das, was man als Rückfall ins finstere Mittelalter an den Nazis am meisten gehasst hat, wird man nun gegen sie anwenden müssen, um endlich, endlich den deutschen Volkskörper von diesem Krebsgeschwür zu befreien. Das alles ist so scheußlich und meiner innersten, die Duldsamkeit und Weitherzigkeit hoch verehrenden Natur äußerst zuwider. Aber – – welchen anderen Weg können wir hernach gehen?

Häufig überfallen mich auch andere Sorgen: *wie* kann es überhaupt möglich werden, für die Überreste des deutschen Volkes *neben* den Reparations-Verpflichtungen, wieder aufzubauen, den Ausgebombten für Wohnungen und Ersatz der Habe zu sorgen, die Fabriken in Gang zu bringen, wo doch kein Nagel, kein Stück Draht, nichts, nichts mehr vorhanden ist? Was die finanzielle Seite anbetrifft, so wird man den Schaden auf das *ganze* deutsche Volk übertragen müssen. D. h., es darf nicht sein, dass die Ausgebombten Bettler sind und die, die ihre Habe gerettet haben, ungerupft davonkommen. Andererseits wäre zu erwägen, ob man die »Aktiven Kämpfer« voll entschädigen sollte? Ich wäre nicht dafür, denn um ihrer Aktivität willen mussten Millionen Unschuldiger Bitterstes leiden. Außerdem wäre zu erwägen, ob man die Parteimitglieder nach dem Zusammenbruch nicht noch längere Zeit ihre an die Partei geleisteten und zur Zerrüttung Deutschlands verausgabten Beiträge zum Wiederaufbau des Landes sollte weiterzahlen lassen.

Alarm!

10.3.45. Die Frage: »Flucht in die Schweiz« wurde dieser Tage wieder unter uns erörtert. Unser Schwiegersohn will in den nächsten Tagen die Möglichkeiten an Ort und Stelle untersuchen. Aber wir beiden Alten können nicht gehen. Abgesehen von den damit verbundenen Strapazen einer solch abenteuerlichen Flucht: wie, wenn mein lieber Junge nach sechs Jahren heimkäme und weder Vater noch Mutter vorfände?

In den Augenblicken, während welcher weder Alarm noch Sorge für des Lebens Unterhalt mich in den Krallen hält, lese ich Paul *Dombey*[23] (O Du, mein lieber, lieber *little friend*!) und: Albert Schweitzer, *Verfall und Wiederaufbau der Kultur*. Little Paul Dombey bewahrt mich, dass ich nicht völlig in Menschenhass versinke, und Albert Schweitzers klare Ausführungen überzeugen mich, dass ich mit meinem Denken, Werten und Fühlen auf dem rechten Weg bin. Wie klar hat er schon vor zwanzig und mehr Jahren gesehen, und wie überzeugend hat er seine Erkenntnis formuliert! Ich habe mich oft instinktiv dagegen aufgelehnt, dass man »abgestempelt« sein soll, je nachdem man zu einer Kaste gehört. Gehörte man zu dem Kreise der Akademiker – wie beispielsweise mein Mann –, so setzte dies »selbstverständlich« eine ganz bestimmte Denk- und Urteilsweise in allen Fragen menschlichen Wesens und menschlicher Beziehungen voraus. Man war vor allem nationalistisch-militaristisch nach außen und reaktionär nach innen. Wer sich dieser »Selbstverständlichkeit« nicht fügte, wie wir, war *outcast*.

11.3.45. Sechs Jahre! Sechs volle Jahre waren es gestern, als wir unserem Sohn auf dem nächtlichen Bahnhof »Lebewohl« sagten und ihn nach »Engelland« fahren ließen. Welche Fülle von Leiden, welches Unmaß Angst hängt als Gewicht an jedem Glied dieser Kette von Jahren! Sechzehneinhalb war der Junge damals! Nun ist er bald 23, also ein Mann. Wie wird er *uns*, wie werden wir *ihn* wiederfinden? Werden sich – nach dieser langen, langen Zeit – unsere Gedanken wieder auf halbem Wege begegnen, wie einst? Werden wir noch immer so innig verbunden sein? Wird unsere Art zu denken und zu werten noch lebendig sein in ihm, oder wird er als Fremder, als gänzlich Verwandelter zurückkehren? Wird ihn der Krieg beim Heimwärtseilen schnell noch erschlagen? *Wenn* er kommt – das fühle ich – dann wird er *so* kommen, wie er uns vor 6 Jahren verlassen hat. Natürlich ist er älter, reifer. Manche seiner Eigentümlichkeiten wird eine Variation erfahren haben, die ich noch nicht kenne. Aber im Grunde wird er derselbe geblieben sein: logisch denkend, anständig – – – gerecht!

Ob *ich* das Wiedersehen erlebe? Das ist noch viel fraglicher, als ob der Krieg in seinen letzten fürchterlichen Minuten nicht noch meinen Sohn verschlingt.

20.3.45. Sich zu Tode hetzen, um am Leben zu bleiben: Was für ein törichtes Benehmen! Das jedoch ist augenblicklich unser Los. Man gräbt und wühlt und rackert sich ab während der Alarmpausen. Diese Pausen sind jedoch so kurz und so selten, dass es unmöglich ist, etwa ein Bad zu nehmen oder BBC in Ruhe abzuhören. »Viel schlafen! Das Wenige in Ruhe essen: damit sparst du Kalorien!« Das ist der Rat in Zeitungen und im Rundfunk. Man könnte denken, die Burschen veräppeln einen, sie machen noch grausame Scherze mit unserer Not. Das Essen – sofern man was hat – muss man hinunterschlingen, »schlafen« – sofern die »Luftlage« ein Sich-Niederlegen überhaupt gestattet – tut man in Kleidern und höchstens mit einem halben Auge. Die *Ohren* dürfen ohnedies nie mitschlafen. Man muss sie steifhalten, sonst hört man das Nahen von Flugzeugen nicht. Unser ganzes Warnsystem ist ja völlig aus den Fugen. Kein Verlass mehr drauf. Vorgestern Nacht beispielsweise. Kein Alarm zu gewohnter Zeit! (Zwischen 19einhalb und 21 Uhr) Das konnte man nicht fassen. Wir blieben auf, es war ja undenkbar, dass kein Luftbesuch kommen wird. Schließlich um Mitternacht legten wir uns nieder. In voller Ausrüstung, natürlich: Skistiefel, dicke Kleidung, den prallen Rucksack neben dem Bett. Um zweieinhalb Uhr wachte ich auf. Ein Blick auf die Uhr! Ah! Sicher ist für diese Nacht die Gefahr vorüber! Raus aus den Kleidern also – wohlig ausgestreckt im Bett! Da! Fünf Minuten später. Vollalarm! Raus aus den Federn, hinein in die »Rüstung«, Fenster lösen! Türen öffnen! Rucksack auf! Koffer in die Hand! Hinaus in die stockdunkle Nacht, meinen nachtblinden Gatten dicht hinter mir in Tuchfühlung, Rennen in den Stollen! Schon hört man das aufregende Brummen und Brausen ganz nah! Der Radio meldet: Rückflüge aus Nürnberg! Aber … wie oft haben diese Rückkehrer noch »ein bisschen was« für »unterwegs« zurückbehalten und es als Gruß gelegentlich abgeworfen. Dreieinhalb Uhr! Dankbare Rückkehr ins Häusle. Blitzartig wieder raus aus den Kleidern, hinein ins mollige Bett! Nun wird für dieses Nachtrestchen keine Überraschung mehr auf uns warten! Da – – – es brummt schon wieder – – – brummt – – – brummt – – Kein Zweifel: Feindflieger! Meinetwegen! Ich ziehe die Decke über's Ohr, komme, was kommen mag! Aber – – – es brummt und brummt, kreist, kommt immer tiefer, tiefer. Nächstens wird es mein Dach noch mitnehmen! Raus also! Ich rufe meinen Mann! Die Jungen unten im Haus stürzen ebenfalls aus ihrer Stube! In den Keller, alle! Stollen ist unmöglich! Das Flugzeug ist über uns. Zitternd vor Angst und Kälte, den Mantel über das Nachthemd gestreift, schreckensbleich, lautlos stehen wir vier Menschen da und warten auf unser Ende, horchen, horchen. Es scheint ein einzelnes Flugzeug zu sein! Endlich muss es doch weiterfliegen! Aber mit konstanter Bosheit kreist und kreist es wohl zwanzig Minuten über unserer Siedlung. Endlich! Es ist fünf Uhr. Bis acht Uhr wird man sich nun um nichts mehr kümmern! Schlafen! Nur schlafen!

Da! Alarm! Ein Blick auf die Uhr: sechs Uhr!

So ist augenblicklich »unser Los auf Erden«. Und bei all dem ist man erfüllt von heißer Dankbarkeit, wenn man wieder zu *seiner* Haustüre hineingehen darf, »heim« kommen, auch wenn dieses »Heim« Sprünge und Risse und kein Dach und anstelle von Fenstern Bretter hat.

27. 3. 45. Wie das Gesicht der Welt sich wandelt: die Amerikaner bei Karlsruhe über den Rhein! Panzer in Heidelberg! In Bretten! Augenblicklich in ... Heilbronn. Kann man das glauben? *Darf* man es glauben? Man hört nichts, sieht nichts, dichter Nebel schließt Fliegerbesuch aus. Ein Ruhetag also nach den vorausgegangenen Strapazen? Dem nervösen Horchen auf Flugzeuggeräusch! Kein Papier durfte rascheln. Kein Wasserhahn laufen! Keine Nase laut geschnäuzt werden! Horchen! Horchen!

Nein, man *will* nicht ausruhen! Sich nicht gehen lassen! *Warten* will man! Mit ganzer Inbrunst warten auf die Erlösung. *Wie* wird sie für unsere Stadt kommen? Unter Kanonen- und Bombendonner und nach vorausgegangener fürchterlicher Not und Angst? Oder – – wird man eines Morgens erwachen und erfahren, dass das Sternenbanner und der Union Jack und die Trikolore ...?

Aber *dass* das Ende in Sicht ist, beweisen die »Verwandlungskünstler«. Wie viel Anti-Nazis wir haben! Das ist fabelhaft! *Nie* haben sie gejubelt bei deutschen Siegen! *Nie* die Judenverfolgung gebilligt! Nie dem »Anstreicher aus Braunau« getraut! Stets waren sie gegen die Eroberungssucht! Immer haben sie sich empört über die Art, einfach einen Krieg zu provozieren! *Wie* haben sie sich aufgeregt über die Versklavung von Fremdarbeitern! Stets hat man das Ende mit Schrecken vorausgesagt ... usf. usf.

Ach ja! *Das* ist der deutsche Mensch. Er zeigt sich heute genau wieder so, wie er sich 1933 gezeigt hat: würdelos, charakterlos, unehrlich, unterwürfig, hündisch! Oder nennt man das ... »anpassungsfähig«?

3.4.45. Ludowikens Mann ist verschwunden. Wohin ist er geflohen?

Der »Volkssturm« fragt nach ihm. Ich weiß von nichts, Ludowike ist auch verschwunden. Gott sei den beiden gnädig.

Geschützdonner, Flieger, Tiefflieger!

Ein fremder Mann bringt einen Zettel von Ludowike. Sie sei »irgendwo« in Sicherheit, schreibt sie. »Ich habe keine Lust, in den letzten Stunden durch Gestapo oder Volkssturmrache aufgeknüpft zu werden, noch mich von den einrückenden Soldaten vergewaltigen zu lassen.« Sie ermahnt uns, auf uns Acht zu geben. Wenn alles vorüber ist und man wieder einigermaßen sicher ist, werde ich wieder auftauchen ...

Solange: »Gott mit euch, liebe Eltern!«

3.4.45. Nun ist der Vorhang zerrissen: man *soll* fort, aber man *muss* nicht. Wer hier bleibt, trägt die Verantwortung dafür selbst. Es wird kein Wasser geben, kein Licht, Bäckereien und Fleischereien werden zerstört werden, es wird keine Milch geben, Lebensmittelgeschäfte werden in die Luft gesprengt werden. Die neue V-Waffe werde eingesetzt werden und werde die Zurückgebliebenen mitsamt den Feinden vernichten. Kinder von 12 Jahren ab werden mit der Hitlerjugend weggeschafft.

Sie dürfen weder mit den Eltern fliehen noch mit ihnen zurückbleiben. Alle Männer vom Jahre 1884 ab müssen mit dem Volkssturm weg …

Soweit eine offizielle Bekanntgabe in unserem Bunker.

Mittlerweile hört man das Donnern der Geschütze näher und näher kommen. Flugzeuge laden während des ganzen Tages Bombenlasten ab. Trotz allem, was die nächsten Tage an Angst und Not auch bringen mögen: ich fühle etwas wie Feierlichkeit durch mein Herz ziehen. Bald, bald werden wir das »tausendjährige Reich« hinter uns gelassen haben. Wie mögen meine fernen Kinder um unser Schicksal zittern!

Ludowikens Mann scheint nach R. gekommen zu sein. Er halte sich in einer kl. Höhle im Wald verborgen, ließ er uns mitteilen.

4.4.45. Wir haben schlafen dürfen. Wir haben nun wieder Kraft für das, was heute durchlitten werden muss! Bis drei Uhr in der Nacht habe ich den Radio eingeschaltet gehabt, um bei der ersten Meldung über sich nähernde Flugzeuge meinen Mann zu alarmieren. Gestern wurde er zum Volkssturm befohlen. Er ging nicht. Ich sagte, er sei krank. Um Mitternacht höre ich schwere Schritte unten am Fenster vorbeistampfen. Vermutlich abrückende Volkssturm-Männer.

7.4.45. Ein unerträglicher Zustand! Wie viele, die sich verborgen haben, können sich nicht mehr halten. Es dauert zu lang, viel zu lang. Ich weiß: nur noch wenige Tage, und alles liegt hinter uns. Aber ich weiß gar nichts über die Schrecken, die Angst, die Qual, die diese wenigen Tage in sich begreifen.

Ich habe einen feierlichen Choral auf unserem herrlichen Flügel gespielt. Ist es das letzte Mal, dass seine reinen Klänge meine Seele erquickt haben?

9.4.45. Dem Kriegsende so nahe, und doch steht alles noch in Frage: Leben, Hab und Gut. Beides ist von zwei Seiten bedroht, von »Freund« und »Feind«. Der »Freund« bedroht es, weil wir nicht »feindlich genug sind« den »Feinden« gegenüber, die in Wirklichkeit unsere »Freunde« sind.

Man hört wieder Artillerie.

13.4.45. Roosevelt tot! Diese Botschaft wühlt mich im Innersten auf. Aber es ist nicht eigentlich Gram, was mich bewegt, es ist Trauer, abgrundtiefe Trauer. Gram hätte mich dann gemartert, wenn dieser große Mensch hinweggerafft worden wäre, *ehe* er seine weltrettende Mission hätte vollbringen können. Sein Tod ändert heute nichts mehr, Roosevelt hat sein Werk im Wesentlichen schaffen dürfen. Um Deutschland willen hätte er wohl noch länger leben sollen, obwohl dieses heutige Deutschland ein längeres Wirken dieses edlen Menschen in der Tat nicht verdient. Es gibt so viele, die heute triumphieren und sich von dem Ableben Roosevelts Gewinn versprechen für die »deutsche Sache«. Was für Narren! Ich weiß nichts über Präsident Trumans Menschlichkeit und Großmut. Aber ich weiß: der Verblichene würde Deutschlands unausbleibliche Nachkriegsnot nach Möglichkeit gelindert haben, sobald unser verirrtes Volk zu den wirklichen Idealen der Menschheit zurückgefunden haben würde.

13. April 1945.

»Wichtige Bekanntmachung des Reichsverteidigungs-Kommissars«.

»… Ebenso wird mit dem Tode bestraft, wer eine weiße Fahne zeigt. Die Familie der Schuldigen hat außerdem noch drakonische Strafen zu erwarten« … usf. usf.

Unsere Nachbarn rundum vergraben ihre Kostbarkeiten, verbrennen Hitler-Bilder, Partei-Korrespondenzen, Uniformen aller Art. Was ich mit meinen Gartengeräten mache? Ob ich glaube, dass Hacke und Spaten als »Waffen« gelten und die Besitzer von den einrückenden Amerikanern deshalb erschossen werden?, wurde ich heute gefragt.

Schlagzeilen aus der Zeitung:

»Niemals im Leben dem Feinde sich beugen!«
»Frauen! Stark bleiben!«
»Verflucht sei, was schwach macht!«
»Standhaftigkeit das Gebot der Stunde« u. a. m.
»Tod den Verrätern!«
»Mit männlichem Mut der Gefahr begegnen!«
»Jetzt noch einmal alle Kräfte zusammenreißen«
»Uns trägt der Glaube an den Führer«

Und so fort – und so fort.

20.4.45. Es ist alles so unwahrscheinlich. Blauester Frühlingshimmel, Flugzeug-Brausen, Artillerieschießen rund um die Stadt. Ich trotzdem in glückvoller, erwartungserfüllter Stimmung im Liegestuhl auf unserem Balkon. Ich habe mir unsere letzten Kriegstage – denn diese durchlebe ich jetzt zweifellos – völlig anders vorgestellt. Furioso, Entsetzen! Und nun liege ich in einer fast festtäglich-feierlichen Stimmung auf dem Balkon! Merkwürdige Welt!

Seit gestern schlafen wir im Keller. Gefahr des Artilleriebeschusses.

Die Soldaten drüben am Waldrand (österreichische Gebirgsjäger) hauen ab. Jeder auf eigene Faust. Sie wollen Zivil-Kleider. Als Erbschaft hinterließen sie ein Fass Sauerkraut.

Willkommene Gabe! Sie hofften auf Gefangennahme. Arme Kerle.

22.4.45. Nun ist es geschehen. Erstarrt, benommen, noch nicht fähig, das unerhörte Erleben, die Fülle des Glückes ganz zu fassen, will ich doch versuchen, die Ereignisse kurz aufzuzeichnen.

Am 20., spät abends nach den englischen 8-Uhr-Nachrichten schlenderten mein Mann und ich noch hinüber in den Wald, ein paar Schritte ins Maiengrün hinein, und auch um nachzuschauen, ob die »Panzer-Sperren« wohl schon geschlossen seien, und ob man daraus vielleicht Hoffnung schöpfen könnte, dass der Krieg mit all seinem Grausen nun vielleicht doch ganz bald über uns hinwegstürmen werde.

Da: Schüsse! Maschinengewehrfeuer! Ganz nah! Jemand lachte mich aus, dem ich zurief: »So hören Sie doch!« Mein Mann und ich durchquerten das schmale Waldstück bis zur Straße. Da sauste ein voll beladener Lastwagen mit Militär in rasender Fahrt an uns vorbei. Eine Frau, die mit einem Kind auch spazieren ging, erzählte uns, dass die Soldaten ihr zugerufen hätten: »Heim! So schnell wie möglich Deckung suchen!«

So rannten auch wir heimwärts, Herzklopfen bis zum Hals. Das Gewehrknattern ging weiter. Ein Mann mit Rucksack begegnete uns, verstörten Blickes. »Sie stehen vor dem Dorf! Marsch, heim!«, flüsterte er. SSS! FFF! Die erste Granate pfiff über uns hinweg. Schnell, schnell: Alles gerichtet für eine lange Nacht im Stollen! Bücher in den Keller geschleppt, Noten, Kleider, um sie vor Artilleriebeschuss zu retten. SSS! FFF! Dieser ungemütliche Pfeifton reißt den wacker-gläubigen Apotheker aus seinen Sieges-Träumen. Er rannte in den Stollen, vergaß Frau und Säugling! *Sauve qui peut!*[24]

Gut verproviantiert huschten auch wir gegen elf Uhr nachts

in den Stollen, in den *shelter for civil population*,[25] wie er nun auf dem eine Stunde zuvor angebrachten Plakat hieß.

Qualvolle Stunden! Schießen! Aufgeregte Menschen, alle zitternd vor Angst um das bisschen Obdach und Leben! Wie wird alles vorbeigehen? Von Zeit zu Zeit wagten wir uns heraus, einmal sogar beschlossen wir, den Rest der Nacht in unserem Haus zu verbringen, denn wir froren entsetzlich. Kaum jedoch waren wir ungeachtet des Schießens und der Feuersäule rundum und des Aufblitzens der Abschussstellen heimgekeucht, als eine fürchterliche Detonation unser Häusle in seinen Grundfesten erschütterte. Entsetzt sprangen wir auf und wieder in Richtung Stollen. Bei Tagesanbruch eilten wir rasch wieder heraus. Gottlob: Das Häusle stand noch. Schnell Feuer gemacht! Tee gekocht! (Gas und Strom gab's nicht) Eilends gefrühstückt und – wieder in den Stollen. Am Vormittag rasch zurück ins Haus. Jemand rief mir zu: »Hören Sie? So hören Sie doch!« Ich blickte mich um. Am Waldrand stand ein junges Mädchen, das bislang von fürchterlicher Angst verzerrte Gesicht war wie verklärt. »Das sind Panzer! Die feindlichen Panzer! Sie rollen drüben auf der Straße stadtwärts! Alle Qual hat ein Ende!«, jauchzte sie mit ihrer Botschaft und rannte zurück in den Stollen.

Feuer geschürt! Kartoffeln aufgesetzt! Rasch zurück in den Stollen! Unser liebenswürdiger Stollenkommandant fauchte uns Stollen-Insassen an: »Was treibt ihr euch da unten herum? Raus! Alles raus! Frauen haben Putzeimer zu holen, den Stollen zu putzen, statt da faul herumzulungern! Was haben Sie hier eine Bank wegzunehmen? (Das galt mir, denn ich hatte eine der überzähligen Bänke neben die unsere geschoben, um ein wenig liegen zu können). Die Bänke bleiben stehen, verstanden! Raus!«, brüllte er.

»Aber es schießt doch draußen?«, wagte jemand einzuwenden.

»Wenn was schießt, dann ist es *unsere* Artillerie, deutsche Artillerie, verstanden?«

»Dann wird die feindliche Artillerie vielmals so frei sein und *auch* schießen«, rief ich erbost. »Im Übrigen ist der Stollen für uns da und nicht wir für den Stollen und seinen Kommandanten! Der unverschämte Kommisston von all den kleinen Gernegroßen hört nun auf! Endgültig, hoffentlich!«

Jemand kam in den Stollen und rief: »Gebt Zivilkleider für die versprengten deutschen Soldaten drüben im Wald! Sie wollen doch heim! Nicht in Gefangenschaft! Gebt!«

»Sie sollen ihre Waffen ablegen und in unserem Stollen Sicherheit und Deckung suchen vor dem Beschuss«, rief ich. Aber sie kamen nicht.

Offenbar ließen sie Pferde, Bagage, vollbeladene Wagen, Autos, Motorräder im Stich und versteckten sich im Wald. Das war unser Glück, denn wenn sie auch nur *einen* Schuss abgegeben hätten, wäre der ganze Waldrand mitsamt der sich an ihn schmiegenden Siedlung zugedeckt worden mit Artilleriefeuer. Kein Stein wäre auf dem andern geblieben.

Dieser ist eine traurige Mitteilung einzufügen: als die Soldaten sich am Abend zurückschlichen zu ihren verlassenen Sachen, hatte inzwischen die »ehrliche« Zivilbevölkerung *alles* heimgeholt. Pferde und Wagen, sich die privaten Tornister ausgepackt und herausgenommen, was ihnen wertvoll erschienen war. Übrig geblieben sind – inmitten der Maschinengewehre und der Munitionsberge – gerettete Liebesbriefe und Fotografien und – – zahllose Bände *Mein Kampf*. Ich habe einen Band *Mein Kampf* aufgelesen. Er steht nun in meiner Bücherei. Die Spenderinnen – eine »Jugendgruppe der NS-Frauenschaft« schrieb die Widmung hinein: »Des edlen Mannes wahre Feier ist die Tat.«

Auf die andere Seite schrieb ich:

»Dieses Buch habe ich am 21. April 1945 im Wald inmitten Tausender im Stiche gelassener Patronen, Handgranaten, Gewehren, Seitengewehren, Maschinengewehren, Tornistern, Helmen, Wehrpässen usf. usf. – – – *gefunden.*«

Es beweist: »*König Ottokars Glück und Ende*«.[26]

Und nun? Nun werde ich in den Garten gehen. Ich werde ein paar Narzissen schneiden. Ich werde mich an ihnen freuen. Ich werde die blaue Frühlingsluft in mich trinken – ganz ohne Angst, dass es aus ihrer Reinheit todbringende Geschosse regnen könnte. Ich werde ein kleines Lied summen, und alles Menschenglück wird wieder mein sein. Und ich werde versuchen, meinen Schwur zu halten, nämlich: an der Gesundung meines Volkes von geistig-seelischer Erkrankung und an seiner Errettung aus namenloser materieller Not mitzuarbeiten, so viel Gott mir Kraft dazu geben wird.

Zu dieser Ausgabe

Die vorliegende Buchausgabe enthält Auszüge aus:

> Anna Haag: »Denken ist heute überhaupt nicht mehr Mode«. Tagebuch 1940–1945. Herausgegeben von Jennifer Holleis. Stuttgart 2021.

Jener Band beruht auf dem Typoskript, das Anna Haag im Jahr 1945 angefertigt hat. Darin hat sie Auszüge ihrer handschriftlichen Aufzeichnungen, die insgesamt 20 Hefte umfassen, für eine mögliche Publikation zusammengestellt. Für die vorliegende Ausgabe wurde der Text des Typoskripts unverändert übernommen, lediglich die Rechtschreibung und Zeichensetzung wurden modernisiert sowie gegebenenfalls korrigiert.

Der Reclam Verlag bedankt sich beim Anna-Haag-Nachlass sowie beim Stadtarchiv Stuttgart für die Erlaubnis, das dort aufbewahrte Exemplar des Typoskripts zu digitalisieren.

Anmerkungen

1 Aus Erich Maria Remarque, *Im Westen nichts Neues.* Unteroffizier Himmelstoß wird zum Soldatenschinder, nachdem dem ehemaligen Briefträger und körperlich benachteiligten Mann die Macht zu Kopf gestiegen ist.

2 Lindley Fraser (1904–1963) – Radiomoderator und Kommentator des deutschsprachigen Dienstes der britischen Rundfunkgesellschaft BBC.

3 Radio Beromünster – öffentlich-rechtlicher Schweizer Sender, der in weiten Teilen Europas empfangen werden konnte und deshalb zur wichtigen Informationsquelle während des Zweiten Weltkriegs wurde.

4 Lebensborn e. V. – staatlich geförderter und von der SS getragener Verein, der »arische« Kinder vor allem an Familien von SS-Angehörigen vermittelte. Der Verein Lebensborn trägt Mitverantwortung für die Verschleppung von Kindern aus besetzten Gebieten.

5 In der Württembergischen Tötungsanstalt Grafeneck, in der Nähe von Reutlingen, wurden ab 1940 systematisch 10 654 Menschen mit körperlichen oder geistigen Behinderungen ermordet.

6 Walther Heinrich Alfred Hermann von Brauchitsch (1881–1948), Generalfeldmarschall und in der Zeit des Nationalsozialismus von 1938 bis 1941 Oberbefehlshaber des Heeres.

7 ›Die Engländer machen immer …‹ – ›Jetzt muss man für Europa arbeiten.‹

8 Pierre Etienne Laval (1883–1945), französischer Faschist, der im Gegensatz zu Staatschef Pétain forderte, mit dem nationalsozialistischen deutschen Reich zu kollaborieren.

9 Édouard Daladier (1884–1970), französischer Mitte-links-Politiker, der zu Kriegsbeginn Premierminister und Verteidigungsminister war. Er war Unterzeichner des Münchner Abkommens, das den Deutschen das Sudetenland zusprach. Zurückgetreten ist er nach dem Sitzkrieg, da er Finnland nicht gegen die Sowjetinvasion unterstützte.

10 Henri Philippe Benoni Omer Joseph Pétain (1856–1951), französischer Militär, Diplomat und Politiker; zwischen 1940 und 1944 Staatschef des Vichy-Regimes.

11 Wilhelm Bodewin Johann Gustav Keitel (1882–1946), ab 1940 Generalfeldmarschall und von 1938 bis 1945 Chef des Oberkommandos der Wehrmacht.

12 Die Münchner Studenten Hans und Sophie Scholl, Alexander Schmorell, Christoph Probst, Willi Graf sowie der Universitätsprofessor Kurt Huber leisteten gegen den Nationalsozialismus Widerstand und sind als »Weiße Rose« bis heute bekannt.

13 ›Meine Herren, Sie waren vor mir hier!‹

14 Leitartikelschreiber im NS *Kurier*.

15 ›Das ist der Krieg …‹

16 Daimler.

17 Colin Ross (1885–1945), populärer österreichischer Reisejournalist.

18 Das KZ Theresienstadt war ab 1941 von den Nazis als Lager für tschechische Gefangene, später Gefangene aus ganz Europa genutzt worden. Die Tatsache, dass Anna Haag den Begriff ›Theresienstadt‹ ohne weitere Erläuterung hier aufnimmt, zeigt deutlich, dass der Bevölkerung durchaus bewusst war, dass es dieses Lager gab und für welchen Zweck es errichtet worden war.

19 Das Massaker von Lidice fand im Juni 1942 statt.

20 Das Massaker von Oradour fand am 10. Juni 1944 statt. Anna Haag erwähnt es jedoch bereits im Januar 1944 in ihrem Typoskript – womöglich ist ihr ein Zuordnungsfehler bei der Straffung des handschriftlichen Originaltagebuchs unterlaufen.

21 Bei dieser Anspielung auf Anne Frank, die in Amsterdam verhaftet wurde, ist Anna Haag ein weiterer Fehler bei der Erstellung des Typoskripts unterlaufen. Die Tagebuchstelle erwähnt im Januar 1944 Anne Frank, die jedoch erst zwischen Februar und März 1945 in das Konzentrationslager Bergen-Belsen gebracht und dort ermordet wurde.

22 Vergeltungswaffen.

23 Charles Dickens' Roman *Dumbey und Sohn* aus dem Jahr 1848.

24 ›Rette sich, wer kann.‹

25 ›Schutz für die Zivilbevölkerung‹.

26 Franz Seraphicus Grillparzer (1791–1872), schrieb 1825 das Trauerspiel *König Ottokars Glück und Ende*, in dem es eigentlich um Napoleon ging. Da er Angst vor Zensur hatte, nahm er den Böhmenkönig Ottokar II. Přemysl (1232–1278) zur Vorlage.

Nachwort

Je länger der Zweite Weltkrieg zurückliegt, desto schwieriger wird es, aus erster Hand zu erfahren, was die Deutschen zu welchem Zeitpunkt von den Verbrechen des nationalsozialistischen Regimes wussten, was sie dachten oder was sie miteinander besprachen. Das macht die Tagebücher von Anna Haag (1888–1982) zu einem ebenso wichtigen wie faszinierenden historischen Dokument, da sie uns Einblick in die Gespräche und den Lebensalltag ›ganz normaler‹ Menschen in Stuttgart und Umgebung gewähren.

Die Schriftstellerin und spätere Politikerin Anna Haag war eine resolute Frau mit einem wachen Kopf und hohem Durchhaltevermögen. Sie hat fünf Jahre lang ausführlich notiert, was die Menschen um sie herum gewusst, geglaubt und gesagt haben. Um das Geschriebene zu untermauern, hat Anna Haag Hunderte Zeitungsartikel, Aufrufe und Mitteilungen in ihre Tagebücher eingeklebt.

Vor allem aber hat sie sich getraut, ihre Kritik am nationalsozialistischen Regime und dessen Taten aufzuschreiben. Die Gefahr, in die sie sich mit ihren Zeilen begab, war ihr dabei durchgehend bewusst. So notierte sie beispielsweise am 23. Juni 1941:

> Acht Tage lang habe ich nicht gewagt, meine Aufzeichnungen aus ihrem Versteck im Kohlenraum hervorzuholen. Viel hat sich ereignet inzwischen, viel, viel! Mir sitzt die Gestapo im Genick (dank den *lieben* Nachbarinnen!). Mein guter Mann sah mich bereits im KZ; er bat, er weinte, er beschwor mich, doch »klug« zu sein. Nun, die schwarze Wolke zog noch einmal über mich hinweg. Das bedeutet natürlich nicht, dass die Gefahr für immer vorüber ist! Aber vielleicht lässt sie sich bannen.

Doch glücklicherweise blieben die insgesamt zwanzig Hefte, in denen Anna Haag ihre Gedanken festhielt, bis zum Kriegsende im Mai 1945 unentdeckt. Hätte die Gestapo sie in die Hände bekommen, wäre Anna Haag wohl als Verräterin zum Tode verurteilt worden.

Anna Haag war entgegen dem Frauenideal der NS-Zeit nie ›nur‹ Hausfrau und Mutter. Als ihr Mann Albert während des Ersten Weltkriegs in Bukarest als Lehrer arbeitete, leitete sie dort eine Flüchtlingsunterkunft und ein Arbeiterinnenheim (während sie sich um ihre beiden kleinen Töchter kümmerte). Wieder in Deutschland, arbeitete sie jahrelang erfolgreich als Journalistin und Autorin. Damit trug sie nicht nur zum Familieneinkommen bei, sie machte sich auch einen eigenen Namen und stand selbstbewusst zu ihren Ansichten.

Ihr Ehemann Albert, Professor für Mathematik und Philosophie, äußerte sich im Allgemeinen wesentlich weniger meinungsstark. Die einzige (bekannte) Begebenheit, bei der er das Missfallen des NS-Regimes erweckte, bestand darin, dass er seinen Schülern einmal warnend erzählte, dass während des Ersten Weltkriegs im Sterben liegende Soldaten nach ihren Müttern geschrien hätten. Zur Strafe wurde er umgehend an eine Mädchenschule versetzt, da er dort weniger »Schaden« anrichten könne.

Anna Haag weiß also sehr genau, dass in Nazideutschland jede Form von unpatriotischem Verhalten bestraft werden kann. Sie selbst ist davon nicht ausgenommen. So hatte sie sich beispielsweise ab 1919 als Vize-Chefin der »Internationalen Frauenliga für Frieden und Freiheit« (IFFF) für Pazifismus eingesetzt. Dies wird ihr später vorgehalten und während der NS-Diktatur zum Anlass genommen, um Artikel von ihr nicht zu drucken. Gleichwohl erhält sie kein offizielles Publikationsverbot wie so viele andere Autoren und Schriftsteller in dieser Zeit.

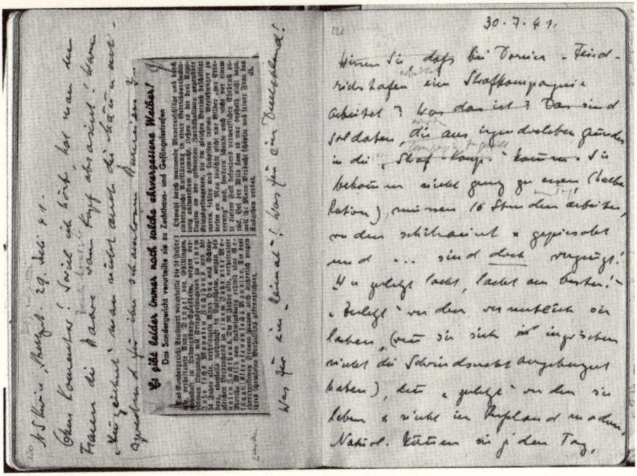

Der Tagebucheintrag vom 30. Juli 1941 mit einem kommentierten Zeitungsausschnitt. Foto: © Anna-Haag-Nachlass

Auch beschreibt sie in ihrem Tagebuch am 15. November 1941, dass sie um ein Drehbuch für einen UFA-Film angefragt wird. Doch die Zusammenarbeit kommt nicht zustande, denn ein UFA-Auftrag hätte die NS-Parteimitgliedschaft vorausgesetzt. Einer der wenigen Artikel, die sie trotzdem publizieren darf, wird am 4. April 1943 von der Presseabteilung der Reichsregierung als zu unpatriotisch kritisiert, woraufhin ihr mitgeteilt wird, dass der Text unter keinen Umständen erneut abgedruckt werden würde.

Man kann davon ausgehen, dass Anna Haag keinerlei Zweifel daran hatte, dass ein öffentlicher Aufruf in der Stuttgarter Innenstadt oder eine andere widerständische Tat gegen das nationalsozialistische Regime vermutlich das Letzte gewesen wäre, was man von ihr gehört hätte. Entsprechende Überlegungen formuliert sie auch in ihrem Tagebuch, das zu ihrem persönlichen Rückzugsort wird. Dort kann sie ihren Widerstand gegen das Regime frei äußern, und die Zeilen dokumentieren zugleich ihren Überlebenswillen. So erklärt sie beispielsweise am 13. September 1943:

> Aber ich kann nicht »nichts« sagen, ich kann es nicht, und wenn Himmler jeden Tag droht: »Wer am Sieg zweifelt, wird den Ausgang des Krieges nicht erleben!« […] Aber ich weiß, meine Tage sind gezählt. Ich gehe – sozusagen – bereits mit dem Kopf unterm Arm durch die Straßen. Ich will das Schicksal nicht absolut herausfordern, nein, das will ich nicht. Ich will vorsichtig sein, wo es angeht, aber ich will nicht zum Verräter an meinen Werten und Denken werden.

Da selbst enge Familienangehörige wie etwa Annas Bruder Adolf oder ihr Schwiegersohn sich mit Leib und Seele zum Hitlertum bekannt haben, konnte sie sich nicht einmal innerhalb ihrer eigenen erweiterten Familie auf Rückendeckung für ihre politische Haltung verlassen. Dieses Doppelleben auszuhalten, war sicherlich selbst für eine so willensstarke Frau wie Anna Haag nicht einfach. Oft genug schreibt sie, dass sie deprimiert sei und kaum Energie aufbringe, um das Tagebuch weiterzuführen. Und doch gibt ihr das Tagebuch Kraft, weil sie darin Erfahrenes und Gehörtes verarbeiten kann. Vor allem aber ist es ihre Möglichkeit, gedanklich mit ihren teils im Ausland lebenden Kindern zu sprechen.

Als sie im Sommer 1945 eine Auswahl aus den handgeschriebenen Tagebüchern für eine mögliche Veröffentlichung zusammenstellt, ändert Anna Haag deren Namen zum Schutz der Kinder wie folgt:

Isolde (1910 geboren) wird im Typoskript zu Ludowike. Sie ist Mathematiklehrerin und hat immer wieder Konflikte mit

Anna Haag mit ihren Kindern

ihrem nationalsozialistischen Ehemann. Weil sie sich weigert, der NSDAP beizutreten, bekommt sie trotz bestandenem Staatsexamen lange Zeit keine Anstellung als Lehrerin. Anna Haag kommentiert das am 31. Oktober 1941 so: »Unsere Tochter Ludowike hat das mathematische Staatsexamen gemacht. Obgleich die höheren Schulen fast keine Lehrkräfte haben, wird sie jedoch nicht in den Schuldienst übernommen: Warum? Weil sie der Partei, in diesem Fall der NS-Frauenschaft, nicht angehört. Auf der Schulbehörde sagte man zu Ludowike: ›Examen? Nebensache! Bringen Sie uns den Beweis Ihrer politischen Unbedenklichkeit, also den Mitgliedsausweis der NS-Frauenschaft!‹«

Sigrid (1915 geboren) heißt im Tagebuch Cläre, lebt in Birmingham, ist mit einem Engländer verheiratet und hat zwei Kinder, Sybil (*1938) und Mike (*1941), im Tagebuch Mary und Michael genannt. Sybil Oldfield, Autorin der Bücher *Frauen*

Gegen den Krieg (1992) und *The Black Book – Britons on the Nazi Hit List* (2020), die beide stark durch Anna Haags Gedanken beeinflusst sind, erinnert sich in ihrer Autobiographie: »Jetzt war es das Jahr 1947 und mir wurde erzählt, dass meine Großeltern unter den ersten Deutschen waren, die aus privaten Gründen von Westdeutschland nach Großbritannien reisen durften. Sie waren offiziell als Anti-Nazi-Pazifisten zertifiziert, die ihren gefährdeten jüdischen Freunden geholfen hatten […]. Es folgten drei unvergessliche Wochen. Ich habe mich schlichtweg in meine Großmutter Anna verliebt. Sie war so lebendig und rund und warm, fast niemals böse und lachte viel mit meinem jüngeren Bruder Mike und mir. Sie roch nach interessantem fremden Parfüm und spielte Klavier und sang für uns.«

Das Nesthäkchen ist Rudolf (1922 geboren), der im Tagebuch Martin genannt wird und sich während der Kriegsjahre in einem Internierungslager für Jugendliche in Kanada befindet. Anna Haag schreibt mehrfach, wie glücklich sie ist, dass ihr Sohn nicht als deutscher Soldat an den Kriegsgräueltaten teilnehmen muss, und wie sehr sie gleichzeitig darunter leidet, ihm so fern zu sein. So trägt sie am 26. Oktober 1940 ein: »Mein Sohn muss wenigstens nicht töten! Was für ein Trost.« In der damals vorherrschenden Kriegsideologie hatten solche Gedanken natürlich keinen Platz. Von jungen Männern wurde erwartet, dass sie sich mit voller Begeisterung in den Krieg stürzten – und von Müttern, dass sie ihre Kinder mit Stolz an die Front schickten.

Die deutsche Propagandamaschinerie sollte generell dafür sorgen, dass sich die Menschen keine eigenen Gedanken mehr machten. Nachrichten gab es ausschließlich über gleichgeschaltete Medien wie den *NS-Kurier* oder die *Wochenschau*. Wer sich anderweitig informieren wollte, lief Gefahr, als »Rundfunkverbrecher« mit Gefängnis oder Schlimmerem bestraft zu werden. Anna Haag hat am 27. Oktober 1941 einen Zeitungsausschnitt mit dem Titel »Todesstrafe für Rundfunkverbrecher« in ihr Tagebuch eingeklebt:

> Zwei besonders krasse Fälle von Rundfunkverbrechen fanden in der letzten Zeit ihre Sühne durch Todesurteile, die der Schwere der Vergehen allein gerecht werden. Das Sondergericht beim Landgericht *Nürnberg-Fürth* verhandelte gegen den 1898 in Nürnberg geborenen Johann *Wild*, der sich nach der Machtergreifung systematisch unter den Einfluss marxistischer Netzpropaganda gestellt hatte, indem er die ausländischen, meist von jüdischen Emigranten inspirierten Rundfunksendungen abhörte. Das Sondergericht stellte fest, dass der Angeklagte bewussten und gewollten Volksverrat getrieben hat. Es verurteilte ihn daher zum Tode wegen eines Verbrechens gegen § 2 der Rundfunkverordnung, sowie zu einer Zuchthausstrafe von vier Jahren, wegen Abhörens von Rundfunksendungen und wegen Verbreitung von ausländischen Rundfunknachrichten.

Die Haags haben trotz der Gefahr verbotene Radiosender gehört, allen voran den deutschen Sender der britischen BBC und den Landessender Beromünster aus der Schweiz. In vielen Tagebucheinträgen, die Anna Haag im Laufe der Jahre an den BBC-Moderator Lindley Fraser gerichtet hat, beschreibt sie, wie sehr sich deren Informationen von den offiziellen deutschen Nachrichten unterscheiden und wie sehr ihr der ausländische Blick auf Deutschland und das Kriegsgeschehen hilft, die Dinge besser einordnen zu können.

Und die Haags hörten nicht alleine Radio. So schreibt sie beispielsweise am 15. Juni 1941:

> Heute hatten wir wieder einmal »Tank-Gäste«. Was das ist? Nun, das sind Leute, die entweder keinen Radio haben, oder die in einem Mietshaus wohnen, wo es ganz besonders gefährlich ist, Auslandsender zu hören, weil die Wände zu dünn sind! Natürlich müssen das verlässliche Menschen sein. Aber da erhebt sich gleich die Frage: »*Wer* ist heute verlässlich?« »Noch nicht umgefallen?« habe ich heute einen Tankgast begrüßt. »Dass S' mr ôber nöt umfôll'n!«, erwiderte er lachend. Dies sei die Mahnung gewesen, die sein Tiroler Gastwirt – wo er seine Ferien verbracht hat – ihm als letzten Gruß mit auf die Heimreise gegeben habe.

Obwohl der Kriegsalltag für alle Deutschen im Laufe der Jahre mühsamer und schwieriger wurde, hoffte Anna Haag inständig, dass der Krieg nicht zu früh enden möge. Sie betont in ihrem Tagebuch immer wieder, dass die Deutschen ihre Lektion wirklich vollständig lernen müssten, damit es zu keinem weiteren Krieg mehr komme.

Oft wiederholt sie dabei ein Versprechen: Sobald Deutschland den Krieg verloren hat, werde sie alles daransetzen, ein demokratisches Deutschland für die nachfolgenden Generationen aufzubauen. Letzten Endes ist es 1945 genauso gekommen: Deutschland hat den Krieg verloren, und es ist ein demokratisches Land entstanden. Und Anna Haag? Hat ihr Versprechen eingelöst.

Sie stellte sich 1946 als eine von nur sechs Frauen als Kandidatin für den ersten Landtag Württemberg Baden zur Wahl. Dabei hatte die SPD ursprünglich ihren Ehemann Albert Haag angeworben. Der hatte allerdings abgelehnt mit den Worten: »Aber Annerle, *du* könntest das machen.« Anna Haag wurde tatsächlich Abgeordnete – und brachte 1947 den Initiativgesetzentwurf »Niemand darf zum Kriegsdienst mit der Waffe gezwungen werden« ein.

Ihr Text steht bis heute als Artikel 4, Absatz 3, etwas erweitert im Grundgesetz der Bundesrepublik Deutschland. Nach wie vor gilt: »Niemand darf gegen sein Gewissen zum Kriegsdienst mit der Waffe gezwungen werden.« Die Tatsache, dass Deutschland den Pazifismus in der Verfassung verankert hat, ist somit Anna Haag zu verdanken. Seitdem hatten Millionen junger Männer die Möglichkeit, anstelle vom Wehrdienst Zivildienst zu leisten – bis 2011 die Verpflichtung männlicher Staatsbürger zum Grundwehrdienst in Friedenszeiten ganz entfiel.

Damit endete Anna Haags politische und soziale Aktivität aber noch nicht. Sie gründete zusammen mit anderen Frauen in Stuttgart ein Wohnheim für junge Frauen, das zu einem beliebten Mehrgenerationenhaus geworden ist (»Anna-Haag-Haus«), und reiste vielfach nach Amerika, um die amerikanisch-deutschen Verbindungen unter jungen Frauen aufzubauen. 1958 erhielt sie für ihr Engagement das Bundesverdienstkreuz 1. Klasse. Viele weitere Auszeichnungen folgten, bis sie 1982 in Stuttgart starb.

Vom Tagebuch zum Typoskript

Nur eines ist Anna Haag in ihrem langen Leben nicht gelungen: ihr heimlich geschriebenes Kriegstagebuch zu veröffentlichen. Dabei hatte sie gleich nach Kriegsende zusammen mit ihrem Mann aus den zwanzig vollgeschriebenen Schulheften eine Publikation vorbereitet. Dafür hat sie die 2000 Seiten Tagebuch auf etwa 500 Seiten eingekürzt, mit der Schreibmaschine abgetippt und mehrere Ausfertigungen an Verlage geschickt.

Allerdings war die deutsche Gesellschaft nach dem Krieg eher an der Zukunft und am Wiederaufbau interessiert, und die Verleger sahen keine großen Erfolgsaussichten für ein Buch, das sich mit der Kriegsvergangenheit und dem im Namen der Deutschen begangenen Unrecht beschäftigt. In den folgenden Jahrzehnten erschienen zwar kleinere Auszüge von zehn bis zwanzig Tagebuchseiten in unterschiedlichen Biographien von und über Anna Haag, aber nie das ganze Konvolut.

Warum das Tagebuch letzten Endes für fast 75 Jahre in Vergessenheit geraten ist, wissen auch Anna Haags Enkel nicht genau. Man kann nur vermuten, dass Anna Haag nach den ersten Absagen von den Verlagen das Publikationsprojekt zugunsten ihrer politischen und gesellschaftlichen Aufgaben auf später verschoben hat. Insofern ist es eine Verkettung glücklicher Umstände, dass 2021, fast 40 Jahre nach dem Tod von Anna Haag, das von ihr vorbereitete Typoskript unter dem Titel *Denken ist heutzutage überhaupt nicht mehr Mode* im Reclam Verlag erschienen ist.

Aber auch dazu gibt es eine jahrelange Vorgeschichte: Im Frühling 2013 fragte mich mein Professor Edward Timms (1937–2018), ob ich schon einmal von Anna Haag aus Stuttgart gehört hätte. Ich arbeitete damals in Brighton als Studentin für den Germanistikprofessor, der das Centre for German Jewish Studies an der Universität Sussex in Südengland gegründet hatte. An diesem Tag stand ein geheimnisvoller roter Karton auf seinem Schreibtisch. Seine Freundin und Kollegin Sybil Oldfield hatte ihm die 500 hauchdünnen Durchschlagsseiten aus dem Nachlass ihrer Großmutter Anna Haag anvertraut – ebenjene 500-seitige, noch unveröffentlichte Zusammenstellung aus Tagebucheinträgen, die im Folgenden als »Typoskript« bezeichnet wird.

Die wichtigste Frage, die Professor Timms und ich uns nun stellen mussten, lautete: Hat Anna Haag den Inhalt der Tagebucheinträge im Nachhinein redigiert, verändert oder kompiliert? Das Typoskript bedurfte einer quellenkritischen Untersuchung, denn je intensiver wir uns damit beschäftigten, desto klarer wurde, dass wir uns die Originale ansehen mussten – die ihm zugrundeliegenden zwanzig handschriftlichen Tagebücher der Anna Haag.

Im Frühjahr 2014 flog ich im Auftrag von Professor Timms nach Deutschland und scannte jede einzelne Seite der zwanzig Tagebuchhefte, sowie Hunderte von Flyern, Zeitungsausschnitten und anderen Aufrufen. Sobald uns beide Tagebuchversionen vollständig vorlagen, machten Professor Timms und ich uns an die Arbeit. Ich war inzwischen in der Lage, Anna Haags Handschrift relativ flüssig zu lesen – zumindest in der Regel. Denn während der fünf Jahre waren die Umstände, unter denen Anna Haag ihre Gedanken niederschrieb, sehr unterschiedlich: Je nach Gemüts- und Sicherheitslage verliefen die Zeilen mal fein säuberlich (sei es mit Tinte oder mit Bleistift), mal hektisch abgekürzt und nach unten abrutschend.

Wir glichen akribisch ab, inwiefern sich das Typoskript von den handgeschriebenen Tagebüchern inhaltlich unterschied. Nach monatelanger Analyse stand fest: Anna Haag hat nicht versucht, im Nachhinein ihre politische Haltung zu beschönigen oder ihre Handlungen besser darzustellen, sie hat weder ihre Gedanken nachträglich zugespitzt noch ihre Positionen verschärft. Sie hat ihre Tagebücher für das Typoskript lediglich im Hinblick auf den Umfang komprimiert und Situationen verkürzt, um eine publizierbare Länge von rund 500 Seiten zu schaffen. Die Abschnitte, die sie wegließ, bezogen sich praktisch immer auf private Belange und wiederkehrende Gedanken.

Ein Sonderfall ist ein Tagebucheintrag vom 20.1.1944, in dem Anna Haag sich in Bezug auf einen Soldaten fragt: »›War er … vielleicht auch dabei?‹ Dabei, als man Polinnen und ihre Kinder erschoss, als man Lidice vernichtete, war er in Oradour? In Amsterdam?« Das Massaker von Oradour fand jedoch erst am 10. Juni 1944 statt, am 20. Januar 1944 konnte Haag davon noch nichts wissen. Und tatsächlich findet sich der entsprechende Satz im handschriftlichen Tagebucheintrag zu jenem Datum *nicht*, sondern er wurde erst bei der Erstellung des Typoskripts im Sommer 1945 formuliert. Die Hintergründe dieses zeitlichen Zuordnungsfehlers bei der Zusammenstellung sind noch unklar.

Erwiesen ist, dass Anna Haag den Text der Tagebücher für das Typoskript straffte und dadurch ihre Beobachtungen zur Gesellschaft und zur politischen Lage in den Mittelpunkt stellte. So erweiterte sie den Bedeutungsradius ihrer ursprünglichen Aufzeichnungen erheblich.

Auf Basis der Forschungsarbeit über Anna Haags Aufzeichnungen entstand zunächst Edward Timms' Buch *Anna Haag and her Secret Diary of the Second World War: A Democratic German Feminist's Response to the Catastrophe of National Socialism*, das am 29. Januar 2016 erschien. 2019 wurde es in einer um einige Tagebuchauszüge erweiterten deutschen Fassung unter dem Titel *Die geheimen Tagebücher der Anna Haag: Eine Feministin im Nationalsozialismus* (Scoventa Verlag) veröffentlicht.

Das vollständige Typoskript vom Sommer 1945 erschien 2021 unter dem Titel *Denken ist heute überhaupt nicht mehr Mode. Tagebuch 1940–1945* im Reclam Verlag. Die vorliegende Ausgabe in der Universal-Bibliothek enthält eine Auswahl von Einträgen aus dem Typoskript und soll dazu dienen, nachfolgenden Generationen konkrete Einblicke in den Alltag im Nationalsozialismus und die Zeit des Zweiten Weltkriegs zu geben. Im Mittelpunkt stehen dabei der Opportunismus und das Mitläufertum der Mehrheitsgesellschaft, so etwa von Anna Haags Schwiegersohn oder dem Nachbarn »Apotheker« und dessen kriegsbegeisterter Frau. Die Einträge zeigen aber auch, welche regimekritischen Aktivitäten damals möglich waren, sei es das Radiohören der »Tankgäste« oder die heimliche Verteilung von Brotmarken oder Lebensmitteln an Zwangsarbeiter.

Anna Haag hat nicht nur den Kriegsverlauf selbst, sondern auch den zermürbenden Alltag und die Stimmung in der Stuttgarter Bevölkerung genau dokumentiert. Insbesondere aber belegen ihre Aufzeichnungen und die vielen Zeitungsausschnitte, wie viel ›ganz normale‹ Bürger ohne besondere Beziehungen zum Regime schon während des Zweiten Weltkriegs von den NS-Verbrechen wissen konnten. Immer wieder ist von Judendeportationen, Konzentrationslagern und Massenerschießungen an der Ostfront die Rede – genau die Vorkommnisse, von denen nach 1945 viele Deutsche behaupteten, nichts gewusst zu haben.

Jennifer Holleis

Zeittafel

1888	Geboren am 10. Juli in Althütte als Anna Pauline Wilhelmine, als älteste Tochter von Jakob und Karoline Schaich (geborene Mergenthaler).
1905	lernt Anna durch ihren Bruder Emil den Mathematik- und Philosophiestudenten Albert Haag kennen. Verlobung einige Monate später.
1909	Hochzeit von Anna und Albert, Umzug nach Lähn in Schlesien für Alberts Pädagogium.
1910	Geburt der Tochter Isolde, Umzug nach Treptow an der Rega in Pommern.
1912	Umzug nach Rumänien aufgrund Alberts neuer Position als Mathematiklehrer an der internationalen deutschen Schule.
1915	Geburt der Tochter Sigrid. Aufenthalt bei Annas Mutter in Württemberg, während Albert als Soldat im Ersten Weltkrieg dient.
1916	Rückkehr nach Bukarest, Albert repräsentiert als Lehrer die deutschen Interessen in Rumänien. Ab Dezember 1916, während der deutschen Besatzung Bukarests, übernimmt Anna erst die Leitung eines Flüchtlingsheims, dann die Leitung einer Unterkunft für deutsche Arbeiterinnen.
1919	Rückkehr nach Deutschland, zunächst nach Nürtingen, Württemberg, wo Albert als Mathematiklehrer arbeitet.
1922	Geburt des Sohns Rudolf.
Ab 1922	etliche Veröffentlichungen (Romane, Zeitungsartikel) in Deutschland und der Schweiz.
1940–45	Abfassung von 20 handgeschriebenen Kriegstagebüchern.
1945	Aufbereitung des Typoskripts für eine Veröffentlichung.
1946–50	Abgeordnete der SPD im Landtag Württemberg Baden.
1949	Herausgabe der Zeitschrift *Die Weltbürgerin*, Motivationsschrift für politisches Engagement von Frauen.
1951	Gründung des Anna-Haag-Hauses in Stuttgart-Bad Cannstatt als Wohn- und Arbeitsstätte für junge Frauen.
1958	Verleihung des Bundesverdienstkreuzes 1. Klasse.
1975	Verdienstmedaille des Landes Baden-Württemberg.
1982	20. Januar – Anna Haag stirbt in Stuttgart.